AF535658

Benjamin Lange

Die Bibel verstehen – Der geheimnisvolle Held der Bibel

Sieben unerwartete Hinweise auf Jesus aus dem Alten Testament

BENJAMIN LANGE

DIE BIBEL VERSTEHEN

DER GEHEIMNISVOLLE HELD DER BIBEL

Sieben unerwartete Hinweise auf Jesus aus dem Alten Testament

Benjamin Lange
Die Bibel verstehen – Der geheimnisvolle Held der Bibel
Sieben unerwartete Hinweise auf Jesus aus dem Alten Testament

Best.-Nr. 271828
ISBN 978-3-86353-828-6
Christliche Verlagsgesellschaft Dillenburg

Best.-Nr. 180222
ISBN 978-3-85810-601-8
Verlag Mitternachtsruf, www.mnr.ch

2. Auflage 2024

www.cv-dillenburg.de

Satz und Umschlaggestaltung: Christliche Verlagsgesellschaft Dillenburg
Umschlagmotiv: © Shutterstock.com/Aleksandra Vinogradova

Druck: GGP Media GmbH, Pößneck
Printed in Germany

Wenn Sie Rechtschreib- oder Zeichensetzungsfehler entdeckt haben,
können Sie uns gern kontaktieren: info@cv-dillenburg.de

INHALT

DER GEHEIMNISVOLLE HELD DER BIBEL

Ein wahrer Held – danach sehnen sich nicht nur Kinder, sondern gelegentlich auch Erwachsene. Alte Sagen und selbst moderne Filme sind voll von Gestalten, die einzigartige Taten vollbringen, übermenschliche Feinde besiegen, unerschrocken gegen Ungeheuer antreten und am Schluss die ganze Welt retten. Doch während solche Geschichten Kinderaugen zum Leuchten bringen, sind Erwachsene meist schon viel zu desillusioniert, um noch an einen wahren Helden glauben zu können. Zu oft wurde die Sehnsucht enttäuscht. Zu oft wurde deutlich, dass Menschen eben keine Helden sind, sondern plötzlich finstere Abgründe offenbaren. Statt Selbstlosigkeit findet man häufig Selbstzentriertheit, statt Heldenmut Arroganz und Gewalttätigkeit, statt Selbstbeherrschung Impulsivität. Und auch die Helden in Märchen und Filmen sind oft nicht anders: Wer möchte schon wirklich einen Helden, der zwar körperlich so stark ist, dass er Ungeheuer bezwingen kann, der aber weder zur Kontrolle seines eigenes Temperaments noch zu selbstloser Liebe fähig ist? Wer hofft wirklich auf jemanden, der zwar in blinder Wut gegen das Böse in der Welt kämpft, dabei aber nicht den Rachedurst und das Böse in sich selbst beherrschen kann? Und wer möchte schon einen Helden, der zwar die Welt rettet, aber keinen Plan hat, wie man das Böse im Menschen ändern kann?

Den wahren Helden sucht man vergeblich, aber die Sehnsucht nach ihm bleibt. Nach jemandem, der alles gut macht, der scheinbar unlösbare Probleme löst und der da ist, wenn man ihn am dringendsten braucht. Der es furchtlos mit einem Gegner aufnimmt, der alle anderen das Fürchten lehrt. Und der zum Schluss nicht sich und sein Wohl sucht, sondern bereit ist, sein Leben zu opfern und der Welt Rettung zu bringen. Es ist die Sehnsucht, die sich weniger an typischen Heldenbildern von äußerlicher Stärke, körperlichem Triumph und arroganter Unbesiegbarkeit orientiert, sondern die nach den tiefsten Hoffnungen des Menschen fragt: nach jemandem, der die Welt rettet und dabei selbst in den Tod geht, der die Kraft eines Löwen und den Charakter eines Lammes hat.

Das Geniale an der Bibel ist, dass sie tatsächlich von einem solchen Helden spricht. Doch im Gegensatz zu Märchen, Sagen oder Filmen ist dieser Held real. Er tritt in die Geschichte ein und ist eine wirkliche Person. Es gibt ihn, ja, es gibt ihn wirklich. Es ist niemand anderes als Jesus selbst. Und gerade weil Jesus *der Held* der Bibel ist, ja, sogar der Held der Geschichte schlechthin, handelt nicht nur das Neue Testament von ihm. Auch das Alte Testament redet von ihm und gibt in jedem Abschnitt der Geschichte vielfältige Hinweise auf ihn. Die ganze Menschheitsgeschichte, die von den ersten Seiten der Bibel an entfaltet wird, enthält in geheimnisvollen Gegenständen, Ereignissen oder Sachverhalten erstaunliche Hinweise auf diesen großen Helden der Bibel. Und diese Hinweise sind häufig so geheimnisvoll, dass man sie beim Lesen der Bibel leicht überliest. Das heißt aber nicht, dass sie so gut versteckt sind, dass man sie erst suchen muss. Im Gegenteil: Den Menschen der Bibel sprangen sie förmlich ins Auge. Sie lebten in Raum und Zeit in ganz konkreten Lebensumständen. Für sie waren manche Begebenheiten, die für uns kaum noch Bedeutung haben, viel bedeutsamer als für uns. Sie galten als geheimnisvoll, weil sie offensichtlich mehr waren als zufällige Ereignisse. Sie waren genau deshalb geheimnisvoll, weil sie alles andere als alltäglich waren und im Kern eine unglaubliche, ja faszinierende Hoffnung enthielten: die Hoffnung auf den wahren Helden, der einmal kommen würde und sogar selbst Gott ist. Es ist die Hoffnung darauf, dass sich die Worte des Propheten erfüllen, der sagt: „Der HERR, dein Gott, ist in deiner Mitte, ein Held, der rettet; er freut sich über dich in Fröhlichkeit, er schweigt in seiner Liebe, er jauchzt über dich mit Jubel" (Zef 3,17). Es waren starke und unübersehbare Hinweise, die die Hoffnung auf einen Helden, einen Erlöser, einen Retter, einen König und letztlich auf das Erscheinen von Gott in Menschengestalt lebendig hielten.

Dieser Held ist niemand anderes als Jesus selbst.[1]

In diesem Buch darf jeder Erwachsene die kindliche Hoffnung auf einen wahren Helden neu ausgraben. Gleichzeitig aber wird man sehr schnell feststellen, dass die Bibel nicht einfach die typischen Klischees eines Helden bedient, sondern alls menschlichen Vorstellungen übersteigt. Sie ist gerade deshalb mehr als ein normales Buch, weil sie nicht nur das bestärkt, was jeder Mensch möchte, sondern weil sie die tiefsten Sehnsüchte des Menschen nach Hingabe, Rettung und Liebe erfüllt und gleichzeitig den menschlichen Vorstellungen vom Sieg durch Gewalt in Verbindung mit einer arroganten Überlegenheit eine Absage erteilt. Der wahre Sieg wird in der Bibel in Verbindung mit einer scheinbaren Niederlage errungen, und gerade deshalb ist er so faszinierend.

In diesem Buch können Sie, lieber Leser, vielleicht etwas von der Faszination spüren, mit der die Bibel uns den größten Helden der Geschichte neu lieb und wunderbar macht: Jesus. Sie gibt von den ersten Seiten der Bibel an Hinweise auf das Leben Jesu – und ganz besonders auf seinen entscheidenden Sieg durch seine Selbsthingabe in den Tod. Dieses Buch ist dabei nicht als systematische Abhandlung gedacht, sondern eher als ein Mosaik verschiedener und geheimnisvoller Hinweise auf Jesus aus dem Alten Testament. Es sind bei Weitem nicht alle – noch nicht einmal die Wichtigsten –, aber einige, die mir beim Bibellesen in unterschiedlichen Kontexten aufgefallen sind und die ich hier zusammengetragen habe. Manche knüpfen an sehr bekannte Texte an und zeigen vielleicht bisher unbekannte Aspekte. Andere haben mit eher unbekannten Texten oder sogar Passagen zu tun, die man niemals mit Jesus in Verbindung gebracht hätte. Aber alle verhelfen zu einem neuen Blick auf den Retter, den sie verkündigen. Sie sind damit gute Botschaft – *Evangelium.* Begeben wir uns also auf eine spannende Reise durch die Bibel, um den wahren Helden der Geschichte neu zu entdecken. Es geht los mit den ersten Menschen und deren Begegnung mit einem faszinierenden und zugleich unheimlichen Wesen.

Anmerkungen

1 Auf den ersten Blick scheint es ungewöhnlich zu sein, von Jesus als einem „Helden“ zu sprechen – viel gewöhnlicher sind Begriffe wie Retter, Erlöser, Messias oder Herr. Dass er hier neben diesen bekannten Bezeichnungen gelegentlich als „Held“ bezeichnet wird, soll dabei keine Konkurrenz zu den anderen Bezeichnungen sein, sondern zu einem neuen Blick auf alte Geschichten helfen. Und obwohl es nicht um Titel und Bezeichnungen, sondern um die Person Jesu geht, ist die Bezeichnung als „Held“ durchaus biblisch. Nicht weniger als 160-mal wird im Alten Testament das entsprechende hebräische Wort verwendet und unter anderem auf Personen wie Gideon (Ri 6,12), Jeftah (Ri 11,1), David (1Sam 16,18; 2Sam 17,10), Jonatan (2Sam 1,25), die „Helden“ Davids (2Sam 23,8) und viele weitere Personen angewandt, nicht zuletzt auf Gott selbst (5Mo 10,17; Neh 9,32; Ps 24,8; Jes 9,5; 42,13; Jer 20,11; 32,18; Zef 3,17) und auf seinen Gesalbten, den Christus (Ps 45,4). Vor diesem Hintergrund kann man durchaus von Jesus als dem Helden der Bibel sprechen.

1. DER GEHEIMNISVOLLE SCHLANGENBEZWINGER

Fragen über Fragen

Die Geschichte der Menschheit fängt geradezu idyllisch an: zwei Menschen in einer Welt ohne Böses. Das gilt bis zu diesem einen Tag, an dem die beiden ersten Menschen einem Geschöpf begegnen, das Bibellesern entweder einen Schauer über den Rücken jagt oder aber einfach nur Fragen auslöst: einer Schlange – die auch noch spricht. Unwillkürlich fragt sich der Bibelleser: Was war an dieser Schlange so faszinierend, dass Eva mit ihr sprach? Nur wenige würden sich heute ohne Scheu einer Schlange nähern. Die meisten Menschen empfinden Schlangen als eklig, bedrohlich und furchteinflößend. Wie also kam Eva dazu, sich dieser Schlange überhaupt zu nähern? War sie einfach naiv? Oder hatte sie kein Empfinden für Ekel und Abscheu? Oder war diese Schlange ganz anders als die Schlangen, die wir heute kennen? Und wieso taucht diese anscheinend böse und bedrohliche Kreatur in einer Schöpfung auf, die nach Gottes Urteil doch „sehr gut" (1Mo 1,31) war? Allein schon von einer „Kreatur", also einem geschaffenen Wesen, zu sprechen, löst diese Frage aus. Man fragt sich unwillkürlich: Um welches Geschöpf handelt es sich bei dieser Schlange? Wie kann sie einerseits so viel Böses in die Welt bringen, andererseits aber solch eine Faszination auf die ersten Menschen ausüben? Fragen über Fragen, die nach einer Antwort verlangen. Und dabei haben wir die größte Frage noch gar nicht gestellt: Wie kann dieses Wesen, dem die ersten Menschen anscheinend so wehrlos verfallen sind, besiegt und überwunden werden? Wer kann die Menschen davor retten? Wer ist der wahre Held, der die Schlange bezwingt? Beginnen wir ganz von vorn und schauen genauer hin.

Eine unheimliche Kreatur

Zu Beginn der Weltgeschichte leben die ersten Menschen in einer heilen Beziehung zu Gott. Das ändert sich jedoch mit dem Auftreten der Schlange in 1. Mose 3, denn mit ihr nimmt die Geschichte der Welt eine unheilvolle Wendung. Es ist bemerkenswert, dass im Garten Eden eine Schlange zum Ausgangspunkt für den Sündenfall wird. Doch warum gerade eine Schlange? Was ist an diesem Tier so einzigartig?

Schlangen sind in der Tat einzigartige Kreaturen, und dieser Eindruck entsteht durch ganz besondere, ja, fast unheimliche Eigenschaften:[1] Schlangen haben im Gegensatz zu vielen anderen Tieren keine Stimme, mit der sie Laute von sich geben könnten. Dazu haben sie auch keine Ohren, sie sind also stumm und taub. Sie können ihre merkwürdig gespaltene Zunge durch ein Loch hervorschnellen lassen, ohne den Mund zu öffnen. Sie haben außerdem keinen Eigengeruch und wirken dadurch seltsam unpersönlich. Das wird dadurch verstärkt, dass sie aufgrund fehlender Augenlider immer geöffnete Augen haben und unfähig zu Gesichtsregungen sind. Ihr Blick wirkt dadurch kalt und unpersönlich – sie verziehen buchstäblich keine Miene. Durch die fehlenden Augenlider wirkt es außerdem so, als würden sie niemals schlafen, was den Schlangen scheinbar übermenschliche Fähigkeiten zu verleihen scheint. Schlangen sind ausnahmslos Fleischfresser, leben also von der Jagd. Dabei kombinieren sie zwei verblüffende Eigenschaften, die anderen Tieren fehlen: Sie können sich einerseits schnell, andererseits aber auch fast lautlos fortbewegen. Nicht nur das macht sie als Jäger gefährlich, sondern auch die Art, in der sie ihre Beute erlegen. Sie töten sie entweder durch langsames Erwürgen oder durch Gift. Beides präsentiert sich für das Opfer anfangs noch nicht als tödlicher Angriff, spitzt sich dann aber dramatisch zu und führt am Ende unausweichlich zum Tod. Schlangen unterscheiden sich auch dadurch von den anderen

Tieren, dass sie keine Furcht zeigen, wodurch sie eine gewisse Überlegenheit ausstrahlen. Das gilt sogar rein körperlich, denn als Reptilien wachsen sie lebenslang und können gigantisch groß werden.[2] Und schließlich leben Schlangen sozial unabhängig, können monatelang ohne Nahrung auskommen und im wahrsten Sinne des Wortes kaltblütig sein (weil sie keine eigene Körperwärme erzeugen).

Trotz dieser eher unheimlichen Eigenschaften haben Schlangen auch heute noch etwas Faszinierendes an sich. Ihr Fortbewegungsstil wirkt elegant und so geheimnisvoll, dass er auch in der Bibel sprichwörtlich für einen unberechenbaren und geheimnisumwobenen Vorgang stehen kann (Spr 30,19). Schlangen fallen durch schöne und teilweise exotische Musterung auf und haben durch die Einfachheit ihres Körperbaus etwas Elegantes und Geheimnisvolles an sich. Und genau so war es auch, als diese merkwürdige Kreatur den Menschen zum ersten Mal begegnete. Und wenn schon Schlangen überhaupt etwas Besonderes sind, dann war es die Schlange im Garten Eden erst recht. Denn in ihr tritt eine Kreatur auf, die nicht nur eine normale Schlange zu sein scheint, sondern etwas noch viel Unheimlicheres an sich hat.

Ein ganz besonderes Exemplar

Schon das Auftreten der Schlange im Garten Eden ist unheimlich, denn sie wird merkwürdig unvermittelt eingeführt. Direkt nach der Erschaffung des Menschen, von der 1. Mose 2 erzählt, ist zu Beginn von 1. Mose 3 sehr plötzlich von der Schlange die Rede: „Und die Schlange war listiger als alle Tiere des Feldes, die der HERR, Gott, gemacht hatte“ (1Mo 3,1). Dabei wird die Schlange sogar so eingeführt, als wäre sie dem Leser schon bekannt, denn sie wird hier mit dem bestimmten Artikel bezeichnet (*die* Schlange). Im Deutschen klingt das gar nicht so ungewöhnlich, im Hebräischen aber ist es auffällig. Schon damit ist erkennbar, dass hier keine alltägliche Schlange gemeint ist.

Das wird auch aus der übrigen Beschreibung der Schlange ersichtlich: Einerseits wird deutlich gesagt, dass die Schlange Teil der

Geschöpfe ist, die „der HERR, Gott, gemacht hatte". Als solches wird sie unter die „Tiere des Feldes" eingeordnet (1Mo 3,1). Obwohl die Bezeichnung „Tier" relativ allgemein für jede Art von Landtier gebraucht werden kann (siehe z. B. 1Mo 1,30; 2,19), ist sie dennoch interessant. Sie lässt nämlich die Möglichkeit offen, dass es sich bei dieser Schlange nicht um eine gewöhnliche Schlange handelt, denn häufig werden kriechende Tiere und solche, die sich auf Beinen fortbewegen, deutlich voneinander unterschieden (1Mo 1,24-25). Mehr noch: Dass die Schlange sich unter den Tieren des Feldes hervortut, lässt darauf schließen, dass sie sogar über den vierbeinigen Landtieren stand, diese also in gewisser Weise übertraf. Die Schlange scheint also ein Exemplar in einer eigenen Kategorie zu sein – in gewisser Hinsicht wie die Tiere des Feldes, andererseits aber auch einzigartig unter ihnen.

Der Verdacht, dass es sich hier um ein außergewöhnliches Tier handelt, wird spätestens dadurch bestätigt, dass die Schlange als „klug" beschrieben wird – und dass sie spricht. Während das hier verwendete Adjektiv häufig mit „listig" übersetzt wird und im Deutschen damit schon negativ klingt, ist das im Hebräischen nicht der Fall.

Das hier verwendete Wort meint eher „klug" und „gescheit". Es wird ansonsten fast nur im Buch der Sprüche verwendet und steht dort ausnahmslos als gleichbedeutend mit jemandem, der göttliche Weisheit hat (Spr 12,16.23; 13,16; 14,8.15.18; 22,3; 27,12). Die Übersetzung mit „listig" ist natürlich nicht unberechtigt, weil das, was die Schlange in 1. Mose 3 tut, ganz und gar nicht der göttlichen Weisheit entspricht. Auch das macht der Text deutlich. Anders, als es die Kapiteleinteilung unserer heutigen Bibel vermuten lässt, schließt 1. Mose 3,1 nämlich grammatikalisch nahtlos an dem vorangehenden Vers in 1. Mose 2,25 an. Man könnte übersetzen:

Und es waren die beiden nackt (arom), der Mensch und seine Frau, und sie schämten sich nicht.

Dagegen war die Schlange listig (arum), mehr als alle Tiere des Feldes …

In der Gegenüberstellung bilden zudem die beiden Adjektive, die den Menschen und die Schlange beschreiben, ein bewusstes Wortspiel, bei dem „nackt" und „listig" im Hebräischen nicht nur sehr ähnlich klingen, sondern zudem im Konsonantentext auch noch gleich lauten.[3] Die List der Schlange wird also bewusst der Verletzlichkeit des Menschen gegenübergestellt. Während die Menschen unschuldig, gutgläubig und ohne äußeren Schutz oder falschen Schein daherkommen, ist die Schlange klug und nicht das, was sie zu sein vorgibt. Doch das wissen Adam und Eva zu Beginn noch nicht, und es ist eben diese Doppeldeutigkeit, die die Schlange so gefährlich macht: Einerseits wirken ihre Klugheit und Intelligenz anziehend, andererseits wird sie für den Menschen gerade dadurch gefährlich.

Mehr als eine Schlange

Eines ist also hier schon klar: Die Schlange ist, wie schon im Garten Eden, eine schillernde Kreatur. Gerade die Tatsache, dass man sie nicht einfach nach dem äußeren Eindruck in Kategorien wie „gut" oder „böse" einteilen kann, machte dieses Wesen so unheimlich – ja, geradezu gefährlich. Offenbar konnten die Menschen nicht auf den ersten Blick sagen, ob die Schlange gut *ist* oder nur gut *wirkt,* ob sie das Leben tatsächlich oder nur vordergründig besser macht. Gerade das Attraktive macht sie so gefährlich. Die Schlange scheint also nicht schrecklich oder furchteinflößend gewirkt zu haben, sondern ihre Erscheinung muss den Eindruck vermittelt haben, dass sie wirkliche Weisheit vermitteln könne.

Je länger man diese Schlange betrachtet, desto deutlicher wird, dass hier kein neuer Kumpel auftritt, sondern ein Wesen, das in höchstem Maße beunruhigend und beängstigend wirken kann. Vor diesem Hintergrund muss man sich eigentlich fragen, ob die Schlange trotz ihrer äußeren Erscheinung dem Wesen nach überhaupt ein Tier war. Denn schließlich ist da noch die merkwürdige Tatsache, dass diese Schlange spricht, obwohl Schlangen rein biologisch weder eine Stimme noch Ohren haben, also rein physiologisch zum Sprechen gar nicht in der Lage sind. Entweder war diese Kreatur gänzlich anders geartet, oder es verbirgt sich ein unheimliches, übernatürliches Wesen hinter dem Körper einer ganz normalen Schlange. Mit anderen Worten: Das, was in 1. Mose 3 als „Schlange" bezeichnet wird, ist möglicherweise etwas anderes als das, was wir heute unter „Schlange" verstehen. Darauf scheint auch ein weiteres Detail im Fluch über die Schlange hinzudeuten, dem zufolge die Schlange nach dem Sündenfall „auf dem Bauch kriechen" soll (1Mo 3,14). Möglicherweise wird damit schon angedeutet, dass diese besondere Schlange im Garten Eden Beine hatte. Eindeutig sagt die Bibel das nicht, aber in diese Richtung gehen schon frühe jüdische Auslegungen.[4] Doch kann das sein?

Eine Schlange mit Beinen? Ein Wissenschaftskrimi

Tatsächlich sorgten hin und wieder Funde von Schlangen für Aufsehen, bei denen man auch beinartige Glieder identifizieren konnte.[5] Bereits 2006 sorgte eine Entdeckung in der Wissenschaft für erhöhte Aufmerksamkeit: Man fand fossile Überreste einer Schlange, die zwei Beine hatte. Doch damit nicht genug, denn die sorgfältige Analyse ergab, dass diese Schlange Merkmale vereinte, die heutigen Schlangen gemeinsam sind. Sie ist also eine Art Vorläufer heutiger Schlangen – aber eben mit Füßen. Weil das in einzigartiger Weise an die Aussagen der Bibel erinnert, bekam diese neu gefundene Gattung genau den Namen, den nach der Bibel die Schlange in 1. Mose 3,14 hatte. Sie wurde von den Wissenschaftlern absichtlich nach dem hebräischen Wort für „Schlange" (hebr. *nachasch*) als „Najash" bezeichnet.[6] Es ist nicht ohne eine gewisse Ironie, dass damit Wissenschaftler, die nicht an die Aussagen der Bibel glauben, ein Fossil absichtlich nach dem hebräischen Ausdruck benennen, weil der Fund nach allem, was sie wissen, nur Ähnlichkeiten mit einer einzigen Begebenheit hat – nämlich der Aussage der Bibel in 1. Mose 3,14. Doch damit nicht genug: Neuere, computergestützte Untersuchungen dieser *Najash* ergaben, dass die früher häufig vertretene These, dass sich heutige Schlangen aus Würmern entwickelt haben sollen, damit nicht mehr haltbar ist.[7] Damit war klar: Es *gab* Schlangen mit Gliedern, und unsere heutigen Schlangen sind eher Abkömmlinge von gliederartigen Tieren statt umgekehrt.

Dennoch fehlte ein Beweis, dass es tatsächlich einmal solche Tiere mit *vier* Beinen gegeben hatte. Vor nicht allzu langer Zeit machten Wissenschaftler jedoch eine absolut atemberaubende Entdeckung. Der Finder bezeichnete sie als „once-in-a-lifetime discovery"[8] – also als eine sensationelle Entdeckung, auf die ein Forscher, wenn überhaupt, nur einmal in seinem Leben hoffen kann. Im Mittelpunkt stand dabei ein erstaunliches Fossil, das Wissenschaftler für schier unglaublich hielten: eine Schlange mit Beinen, und zwar mit *vier* Beinen. Sie bekam daher den Namen *Tetrapodophis*, was eine griechische Bezeichnung für „vierfüßige Schlange" ist. Was bisher als zweifelhaft galt, ist damit belegt: Heutige Schlangen können *nicht*, wie vorher eine Theorie besagte, evolutionäre Nachkommen von sehr einfachen Lebewesen sein, die nur *noch nicht* bis zur Entwicklung von Beinen kamen, sondern sie sind degenerierte Abkömmlinge von vierbeinigen Lebewesen. Die ursprünglich vierbeinige Schlange gleicht daher biologisch eher Wesen wie den Komodowaranen, die eher an Drachen als an Würmer erinnern.[9]

Doch es wird noch interessanter: Seit die Sequenzierung des genetischen Materials zunehmend mehr Erkenntnisse bringt, kam eine weitere erstaunliche Tatsache ans Licht. Zwar haben Schlangen heute keine Beine mehr, aber die Information zu ausgebildeten Gliedmaßen ist immer noch in ihrer DNA enthalten. Doch durch eine Änderung im Erbgut an einer für die Ausbildung von Beinen entscheidenden Stelle wird diese Information nicht abgelesen, sodass sich heutige Schlangen ohne Gliedmaßen entwickeln. Wird aber die Mutation an dieser Stelle wieder rückgängig gemacht, so beobachteten Forscher, dass auch Schlangen normale Beine entwickeln.[10] Schlangen zeigen damit keine Kennzeichen einer *Höherentwicklung* auf, sondern sind nachweislich degeneriert, und zwar durch eine Änderung in ihrem Erbgut an einer ganz bestimmten Stelle, durch die die Entwicklung der Beine durch einen kleinen genetischen Schalter sozusagen ausgeschaltet wurde. Damit ist die These, dass Schlangen tatsächlich einmal Beine hatten, heute wissenschaftlich belegt.

Die erste Schlange – ein Drache?

Dieser kleine Ausflug in die Vergangenheit der heutigen Schlangen zeigt natürlich nur, dass es heute auch wissenschaftlich durchaus plausibel ist, einen Vorläufer der heutigen Schlangen anzunehmen, der Beine hatte. Doch ist das in 1. Mose 3 auch wirklich gemeint? In diese Richtung jedenfalls weist nicht nur die Andeutung im Fluch über die Schlange, sondern auch die Verwendung von *nachasch* an der nächsten Stelle nach 1. Mose 3. So ist bei Moses Begegnung mit dem Pharao einmal von einer Schlange (2Mo 4,3; 7,15), ein anderes Mal jedoch wörtlich von einem „Drachen" die Rede (2Mo 7,10-12). Auch die Bezeichnung der „feurigen Schlangen" in der Wüste (4Mo 21,6-9) weist darauf hin.[11] Manchmal wird der Begriff sogar synonym zu einem ungeheuerähnlichen Tier verwendet: In Jesaja 14,29 ist das ein fliegendes, feuriges Tier, in Jesaja 27,1 ist es die Bezeichnung des Leviatan (der ebenfalls keine Schlange ist), in Amos 9,3 ein Seeungeheuer.

Und noch eines ist klar: Bei fast allen diesen Belegen handelt es sich um Wesen, die nicht natürlich sind. Entweder entstehen sie auf übernatürliche Art oder es ist offensichtlich, dass überhaupt kein lebendes Tier ihnen gleicht.

Am auffälligsten ist aber, dass im Neuen Testament die Schlange aus dem Paradies mit einem Drachen – diesmal einem *wirklichen* Drachen, wie man ihn sich vorstellt – verglichen wird (Offb 12,9; 20,2).[12] Dieser Vergleich wäre unpassend, wenn er nicht schon in 1. Mose 3 angedeutet worden wäre.

Angesichts dieser biblischen Beschreibung muss man also hinterfragen, ob es sich im Garten wirklich um eine kleine, gewundene, von einem Baum herabhängende Schlange handelte, wie man sie häufig in Kinderbibeln sieht. Wenn man bedenkt, dass das Wesen in 1. Mose 3 „über dem Vieh" stand (1Mo 3,1), dann scheint hier eher an ein besonders herrliches und prächtiges Tier gedacht zu sein.

Wie auch immer man sich diese „Schlange“ nun vorstellt – ihre genaue äußere Erscheinung bleibt uns verborgen. Viel entscheidender aber ist noch eine andere Beobachtung: Diese sprechende Schlange zeigt, wie bereits deutlich wurde, ohnehin Eigenschaften, die kein heute bekanntes Tier hat. Und im weiteren Verlauf der Beschreibung in der Bibel wird immer deutlicher, dass es sich nicht um ein gewöhnliches Tier handelt, sondern um ein einzigartiges Wesen, das eigentlich gar nicht ins Tierreich gehört. Doch um wen handelt es sich dabei? Oder sollte man besser sagen: bei *ihm?* Die Schlange ist im Hebräischen nämlich grammatikalisch maskulin und scheint der Beschreibung nach tatsächlich auf eine Person hinzuweisen, die sich dahinter verbirgt. Er, der hier durch die Schlange spricht, beansprucht, genauer als Adam zu wissen, was die Menschen in Bezug auf den Baum der Erkenntnis tun und nicht tun dürfen. Da gewöhnliche Schlangen nicht hören, erst recht nicht die menschliche Sprache verstehen können und (nach allem, was wir wissen) auch gar keine gewöhnliche Schlange direkt anwesend war, als Gott Adam das Gebot gab, von diesem *einen* Baum im Garten nicht zu essen (1Mo 2,16-17), spricht hier ein Wesen, das auf übernatürliche Weise die Vorgänge in der Welt mitbekommt und Zugang zu Informationen hat, die dem Menschen verborgen sind. Es agiert in der natürlichen Welt durch ein Tier, hat aber ganz offenbar Zugang zu einer übernatürlichen Welt und ist dem Menschen nicht wohlgesonnen.

Gegen Gott und den Menschen – der wahre Widersacher

Das Wesen hinter der Schlange ist ziemlich klar übernatürlich, denn es beansprucht Wissen über Gott, das Menschen verborgen ist (1Mo 3,4). Es tritt scheinbar als Ratgeber und Helfer auf, entpuppt sich aber als übernatürliches Wesen, das als Widersacher gegen Gott steht. Das wird in der Art der Einführung der Schlange bereits ausgedrückt: Während die ersten Tiere und der Mensch jeweils ausführlich in ihrer Erschaffung und ihrem Platz in der Schöpfung vorgestellt werden, gibt es in der Schöpfungsgeschichte nur zwei Wesen, die völlig unvermittelt auftreten: Gott (1Mo 1,1) – und die Schlange

(1Mo 3,1)! So wie Gott am Anfang einfach als existent vorausgesetzt und mit keinem weiteren Wort beschrieben oder eingeführt wird, ist es auch mit der Schlange (erinnern wir uns an den merkwürdigen bestimmten Artikel „die" Schlange, obwohl vorher von keiner Schlange zu lesen war).[13] Und so wie Gott zu Beginn der Schöpfung wird auch die Schlange zu Beginn der Menschheitsgeschichte zum Ausgangspunkt der zentralen Ereignisse der Weltgeschichte – im Gegensatz zu Gott aber im schlechtesten nur denkbaren Sinne. Das alles entlarvt die Schlange in gewisser Weise als Gegenspieler Gottes. Und nicht nur das, sie scheint auch ein Gegenspieler des Menschen zu sein.

Mit den Worten „Keineswegs werdet ihr sterben!" (1Mo 3,4) macht dieses Wesen klar, dass es nicht gekommen ist, um Gottes Absichten auszuführen, sondern um Gott direkt zu widersprechen, seine Absichten durcheinanderzuwerfen und sich selbst dem Menschen als bessere Alternative zur Fürsorge Gottes zu präsentieren. Und damit sind wir beim Kern der Geschichte angelangt: Hier präsentiert sich ein Widersacher Gottes, der beansprucht, als eine Art „Gegengott" der bessere, klügere, verlässlichere Herrscher über die Menschen zu sein. Er suggeriert dem Menschen eine Zukunft, in der es keine moralischen Beschränkungen, keine Grenzen für das eigene Wohlbefinden gibt. Er pervertiert Gottes Pläne und wirft sie durcheinander. Vor diesem Hintergrund ist die Bezeichnung, die im letzten Buch der Bibel vorgenommen wird, keine grundsätzlich neue Information, sondern eine Zusammenfassung all dessen, was in 1. Mose 3 schon angedeutet und im Verlauf der biblischen Geschichte klarer wird: Es geht schon in 1. Mose 3 um „den großen Drachen, die alte Schlange, der Durcheinanderbringer (gr. *diabolos*, eingedeutscht ‚Teufel') und Widersacher (hebr. *Satan*) genannt wird, der den ganzen Erdkreis verführt" (Offb 12,9; ähnlich Offb 20,2). Und genau diesem übernatürlichen Feind, der sich als Freund ausgibt, verfällt der Mensch. Er ist der erste und letzte Widersacher und Feind von Gott und dem Menschen.

Von Beginn an der Endgegner

Genau an dieser Stelle, gleich am Anfang der Geschichte, präsentiert sich also schon der „Endgegner" der Menschen – der größte und mächtigste Feind, dem die ersten Menschen so wenig entgegenzusetzen haben. Durch ihn kommt es zur größten Katastrophe der Weltgeschichte und zum Fall des Menschen in Sünde, Tod und Fluch. Doch das Schlimmste an der Geschichte ist, dass dieser Widersacher Gottes, der hinter all diesen steht, noch immer aktiv ist und die Herrschaft über die Menschen will. Es ist *„der nachasch"*, also ein Wesen, das die Israeliten, für die Mose zunächst einmal schreibt, immer noch kennen, für das sie keine weitere Einführung und Beschreibung brauchen, weil sie sehr genau wissen, dass sich hier niemand anderes als der Feind Gottes und der Menschen schlechthin verbirgt. Er war auch in ihrer Zeit präsent und aktiv, und er ist es heute noch. Er ist immer noch der Feind und Widersacher, und seine Klugheit und List sind nicht geringer geworden. Gott selbst verkündet, dass dieser Konflikt bestehen bleiben wird:

> *Und ich werde Feindschaft setzen zwischen dir und der Frau, zwischen deinem Nachwuchs und ihrem Nachwuchs. (1Mo 3,15)*

Gott setzt Feindschaft zwischen der Nachkommenschaft der Schlange und zwischen dem Nachwuchs der Frau. Obwohl hier von dem Nachwuchs der Schlange die Rede ist, lebt die Schlange aus dem Garten offenbar weiter – denn sonst könnte ja nicht der Nachkomme der Frau der Schlange selbst (und nicht nur ihren Nachkommen) den Kopf zermalmen. Hier ist ganz deutlich, dass mit der Schlange ein Wesen gemeint ist, das weder Tier noch Mensch ist. Nur dieser hinter der Schlange stehende Widersacher Gottes lebt länger als eine normale Schlange und ist durch die Geschichte hindurch der Widersacher der Menschen. Er ist ein übernatürlicher Feind, der durch die Zeit hindurch existiert.

Doch das führt erst zu der eigentlichen Frage – der Frage der Fragen: Kann er besiegt werden? Wenn die Menschen ihm schon im Garten Eden verfielen, wie können sie dann überleben, nachdem sie aus der geschützten Umgebung des Gartens in eine rauere Welt vertrieben wurden? Gibt es dort überhaupt Schutz vor dieser Schlange? Kann dieses furchtbare Wesen, das damals so viel Leid über die Menschen brachte, jemals besiegt werden? Und wenn ja, wie?

Der Nachkomme der Frau als Schlangenbezwinger

Genau hier wird der Held der Bibel seinen ersten Auftritt haben. Ja, es gibt einen, der die Schlange besiegen wird und der sich als der Schlangenbezwinger für die Menschen in den Kampf wirft. Und die Schlange bekommt schon einen Vorgeschmack durch den Fluch, der über sie ausgesprochen wird. Sie wird zunächst deutlich degradiert und herabgesetzt:

> *Und der HERR, Gott, sprach zur Schlange: Weil du das getan hast, sollst du verflucht sein unter allem Vieh und unter allen Tieren des Feldes! Auf deinem Bauch sollst du kriechen, und Staub sollst du fressen alle Tage deines Lebens! (1Mo 3,14)*

Das betrifft schon ihre Einordnung in die Tierwelt. War sie vorher „klüger als alle Tiere des Feldes“, wird sie hinterher eindeutig unter die Tiere des Feldes herabgestuft. Während sie vorher in der Hierarchie höher als das Vieh stand (1Mo 3,1), ist sie nun durch einen tiefen Fall niedriger als das Vieh eingestuft, weil sie zu den „kriechenden“ und „wimmelnden“ Tieren gehört, die auf dem „Bauch“ (1Mo 3,14) kriechen.[14] Wie wir gesehen haben, ist mit diesem Fluch möglicherweise angedeutet, dass das Wesen im Garten Eden Beine hatte. Vor allem liegt darin aber eine symbolische Bedeutung: Den Staub der Erde zu fressen ist ein sprichwörtlicher Ausdruck für eine sehr große Erniedrigung (Ps 72,9; Jes 49,23; Mi 7,17). In Micha 7,17 wird eine solche Erniedrigung der Feinde Israels sogar explizit mit der Schlange verglichen: „Sie werden Staub lecken wie die Schlange, wie die kriechenden Tiere der Erde.“[15] Doch wie wird das geschehen? Wie wird die Schlange erniedrigt und besiegt werden?

Ankündigung des Helden

Genau hier kommt eine Verheißung ins Spiel, die der Menschheit tatsächlich das Leben ermöglicht, nämlich die Hoffnung auf den wahren Helden, der die Schlange für immer bezwingen wird. Von ihm heißt es:

> *Und ich werde Feindschaft setzen zwischen dir und der Frau, zwischen deinem Nachwuchs und ihrem Nachwuchs; er wird dir den Kopf zermalmen, und du, du wirst ihm die Ferse zermalmen. (1Mo 3,15)*

Obwohl der Ausdruck „Nachwuchs“ (oder wörtlich: „Same“) der Frau ziemlich allgemein klingt, ist doch an einen bestimmten Menschen gedacht. Dafür ist aber nicht das Wort „Nachwuchs“ (oder „Same“) verantwortlich, weil dieses häufig auch eine Mehrzahl von Nachkommen bezeichnet. Hier jedoch zeigt die hebräische Grammatik, dass spätestens am Ende des Verses von einer einzelnen Person die Rede ist[16] – und das auch noch in ziemlich betonter Weise. Hier ist so auffällig von einer bestimmten Person die Rede, dass die Verheißung auch später im Alten Testament weitergeführt (1Mo 22,17) und die grammatikalische Einzahl sogar im Neuen Testament aufgegriffen wird (Gal 3,16).[17] Man könnte fast übersetzen: „Er, ja, *er* wird dir den Kopf zertreten, und du, *du* wirst ihm die Ferse zermalmen.“[18] Schon hier wird dieser Befreier also *betont* eingeführt. Obwohl die Ankündigung sehr kurz ist, erfahren wir einiges über ihn.

Eine Kriegserklärung

Er wird ein wahrer Mensch sein, schließlich ist er ein „Nachkomme der Frau“. Dennoch muss es sich um deutlich mehr als einen normalen Menschen handeln, denn schließlich wird von ihm gesagt, dass er die Schlange vernichten wird. Da die Schlange offenbar auf eine übernatürliche Person hinweist, die in Intelligenz, Wissen und Klugheit deutlich über dem Menschen steht, liegt es nahe, sich auch den Schlangenbezwinger als eine solche Person vorzustellen. Vor diesem

Hintergrund aber ist ein kleines Detail auffallend: Derjenige, der zuallererst der Schlange den Krieg erklärt, ist niemand anderes als Gott selbst! Schließlich sagt Gott von sich: „Ich werde Feindschaft setzen zwischen dir und der Frau“ (1Mo 3,15)!

Was ist hier mit der Aussage gemeint, dass Gott „Feindschaft setzen wird“? Man könnte denken, dass das relativ unsinnig ist und auch viel zu spät kommt – hat sich die Schlange nicht längst als Feind entpuppt? Wenn man diese Feindschaft so versteht, dass Gott hier nur das Offensichtliche ausspricht, macht die Aussage in der Tat wenig Sinn. Tatsächlich liegt der Schwerpunkt auf etwas anderem, nämlich dass Gott nun *selbst* dafür sorgt, dass die Schlange klar als der Feind bekannt und benannt wird. Das heißt aber nichts weniger, als dass Gott selbst sich nun in diesen Konflikt einbringt. Er wird selbst in diesen Kampf eintreten und nicht zulassen, dass hier ein fauler Friede geschlossen wird. Gott selbst erklärt damit gewissermaßen einen Krieg zwischen Mensch und Schlange, tritt aber selbst darin ein.

Wenn man diesen Gedanken konsequent zu Ende denkt, ist das nur folgerichtig. Man müsste ohnehin geradezu annehmen, dass es niemand anderes als Gott selbst ist, der die Schlange vernichten wird – denn wer sonst könnte der Schlange die Stirn bieten? Erstaunlich ist nun aber, dass im nächsten Satz ganz betont in der dritten Person („er“) von demjenigen die Rede ist, der der Schlange „den Kopf zermalmt“ (1Mo 3,15). Vor diesem Hintergrund muss man sich fragen, ob man zwischen demjenigen, der der Schlange den Kopf zertritt, und Gott selbst überhaupt trennen kann. Und das ist tatsächlich auch nur folgerichtig: Wenn nämlich der Schlangenbezwinger eben *jenem übermächtigen Feind, der Schlange,* den Kopf zertritt, sollte man dann wirklich annehmen, dass er ein sterblicher Mensch ist? Wohl kaum. Denn erst wenn man annimmt, dass der Schlangenbezwinger ebenso übernatürlich ist, ergibt auch das Sinn, was sich oben schon angedeutet hat, nämlich dass *Gott selbst* der Schlange den Krieg erklärt.

An dieser Stelle kommt eine geradezu atemberaubende Vermutung auf: Könnte es nicht sein, dass dieser Schlangenbezwinger *selbst Gott ist?* Für eine solche Vermutung ist es noch zu früh, aber wir müssen sie im Hinterkopf behalten. Denn dazu müssen wir den Schlangenbezwinger weiter in der Bibel verfolgen. Doch vorher muss noch ein letztes Detail betrachtet werden, das ihn noch geheimnisvoller erscheinen lässt: seine Verletzung.

Eine zermalmte Ferse

In dem Krieg zwischen Mensch und Schlange, hinter dem ein Krieg zwischen dem wahren Helden und dem Widersacher Gottes steht, kommt es auf beiden Seiten zu Verletzungen. Genau das wird im Hebräischen auch absichtlich durch dasselbe Wort ausgedrückt. Dieses als *Paronomasie* bezeichnete Stilmittel drückt aus, dass hier eine echte Auseinandersetzung stattfindet, aus der beide Seiten nicht unversehrt hervorgehen werden. Doch während die Verletzung der Schlange tödlich ist, wird der Nachkomme der Frau nur an der Ferse verletzt. Der Schlangenbezwinger ist durch und durch geheimnisumwoben. Er vereint menschliche und göttliche Eigenschaften, ist überlegen und wird dennoch in Mitleidenschaft gezogen (im wahrsten Sinne des Wortes!). Und er wird den Menschen endgültig eine Art Befreiung von der Macht der Schlange schenken. Doch wie wird das genau aussehen? In den fünf Büchern Mose gibt es noch einen weiteren Hinweis auf diesen *Einen,* der die Schlange besiegen wird.

Es bleibt spannend – Mose und die Schlange

Man begegnet der Schlange erneut, als Gott Mose dazu beruft, das Volk Israel aus Ägypten zu führen. Mose ist hier der von Gott zur Rettung des Volkes Gesandte. So wie der Auszug aus Ägypten eine der deutlichsten Veranschaulichungen der Erlösung ist, so ist Mose eine Vorschattung auf den *Einen,* der kommen soll. Doch bevor diese große Rettung aus Ägypten durch Mose bewirkt werden kann, stellt sich die Frage, woran man ihn als Retter erkennen kann. Wie werden die Israeliten an Gottes Gesandten glauben? Kann er sich legitimieren? Ja, er kann – und zwar durch eine Schlange. Schauen wir uns den Kontext genauer an:

> *Da antwortete Mose und sagte: Und wenn sie mir nicht glauben und nicht auf meine Stimme hören, sondern sagen: Der HERR ist dir nicht erschienen? Da sprach der HERR zu ihm: Was ist das da in deiner Hand? Er sagte: Ein Stab. Und er sprach: Wirf ihn auf die Erde! Da warf er ihn auf die Erde, und er wurde zu einer Schlange, und Mose floh vor ihr. Der HERR aber sprach zu Mose: Strecke deine Hand aus und fasse sie beim Schwanz! Da streckte er seine Hand aus und ergriff sie, und sie wurde in seiner Hand zum Stab: Damit sie glauben, dass dir der HERR erschienen ist, der Gott ihrer Väter, der Gott Abrahams, der Gott Isaaks und der Gott Jakobs. (2Mo 4,1-5)*

Der Stab wird zur Schlange, und dadurch sollen die Israeliten Mose als den von Gott Gesandten erkennen und auf seine Stimme hören. Das Zeichen ist wirklich beeindruckend, aber es ist nicht einfach ein willkürlich ausgewähltes Wunder. Es wird nämlich gezielt nicht als „Wunder", sondern als „Zeichen" bezeichnet (2Mo 4,8).[19] Es hat also symbolische Bedeutung – aber welche? Und wieso gerade eine Schlange?

Die Schlange ist für Mose ein gefährliches, furchteinflößendes Tier – so gefährlich, dass er vor ihr davonläuft. Aber dafür hätte der Stab auch ein anderes wildes Tier werden können. Dass er aber zur Schlange wird, ist kein Zufall. Die Schlange ist seit der Feindschaft zwischen ihr und den Menschen in 1. Mose 3 nicht *irgendein* wildes Tier, sondern ein Gegner, der den Menschen ohne die Hilfe Gottes hoffnungslos überlegen ist. Sie steht für die Mächte des Bösen schlechthin. Auch Mose erkennt offenbar diese Symbolik, denn seine Reaktion ist die sofortige Flucht. Doch gerade hier kommt die Bedeutung des Zeichens ins Spiel. Das Zeichen spricht zunächst einmal ganz deutlich von Gottes Schöpfermacht, durch die aus einem unbelebten Stab ein lebendiges Wesen werden kann. Während im Garten Eden die Schlange den Platz über den Geschöpfen und über Gott einnehmen wollte, zeigt Gott hier, dass er der Schöpfer ist und die Schlange immer noch ein Geschöpf ist – also unter dem Schöpfer steht und letztlich seiner Macht unterworfen ist. Die

Rollenverteilung, die im Garten Eden durch Adam durcheinandergeworfen wurde, wird hier im Zeichen symbolisch wieder richtiggestellt.

Das Zeichen bekommt darüber hinaus auch dadurch seine besondere Bedeutung, dass es Mose beglaubigen soll, wenn er dem Pharao die Stirn bietet. Damit zeigt Gott, dass der alte Kampf zwischen den Menschen und der Schlange, die Auseinandersetzung zwischen Mose und dem Pharao, zwischen Israel und Ägypten und letztlich zwischen Gott und den finsteren Mächten hinter Ägypten nichts anderes als eine Fortsetzung des Kampfes ist, den Gott in 1. Mose 3 angekündigt hatte. Diesmal wird er allerdings auf einer großen Bühne ausgetragen, nämlich der Bühne der Weltmacht Ägypten zu dieser Zeit. Denn so, wie im Garten Eden die Schlange der Feind Gottes wurde, der Verderben und Untergang über die Menschen brachte und sie in die Knechtschaft zwang, so ist auch der Pharao derjenige, der zum Gegner Gottes wird und Verderben, Knechtschaft und Untergang über Israel bringt und bringen will. Die Auseinandersetzung mit der Schlange, vor der Mose – so wie sicherlich alle Israeliten – zunächst Angst hat, wird durch Gottes Macht in seiner Hand gebändigt.

Damit wird Ägypten zum Muster der gottfeindlichen Macht, die sich schon im Garten Eden gegen Gott stellte. Das ist kein Zufall. Im Verlauf der Geschichte im zweiten Buch Mose wird dann auch immer deutlicher, dass der Pharao nicht nur als einfacher Mensch auftritt, sondern auch stellvertretend für geistliche, böse Mächte steht. So wie Mose der menschliche Vertreter Gottes ist, so ist der Pharao der menschliche Gegenspieler, der die gegen Gott gerichteten feindlichen Mächte und eine antigöttliche Götterwelt repräsentiert. In der Bibel wird Ägypten daher auch als Schlange oder Ungeheuer beschrieben, das von Gott vernichtet wird (Jes 27,1; 51,9; Hes 29,3; 32,2; Ps 74,13). Die Schlange ist also deswegen besonders passend, weil sie für diese antigöttliche Macht steht. Sie war in Ägypten ein wichtiges religiöses Symbol und überall in Form von Abbildungen oder Nachbildungen gegenwärtig, in denen sie häufig auch mit Beinen dargestellt wurde. Sie stand für göttliche Macht, Unsterblichkeit und Leben; aber auch für Gefahr, Lüge und das Böse.[20] Häufig halten Pharaonen auf alten Abbildungen einen Stab in Form einer Schlange in der Hand, um sich so mit der Macht der Schlange zu schmücken. Auch in der Bibel sind es später die Magier des Pharao, die durch übernatürliche Macht ihre Stäbe zur Schlange verwandeln (vgl. 2Mo 7,11-12). Im damaligen Kontext war völlig klar: Wer die Schlange kontrollierte oder ihre Macht besaß, galt als unangefochtener Herrscher.[21]

Gott hat die Macht über die Schlange

Vor diesem Hintergrund wird deutlich, weshalb der zur Schlange gewordene Stab ein *Zeichen* ist und was er bedeutet. Als Mose sich vor der Schlange fürchtet und wegläuft, befiehlt ihm Gott, die Schlange am Schwanz zu packen. Sofort „wurde sie in seiner Hand zum Stab" (2Mo 4,4). Sobald Mose die Schlange packt, wird sie vom gefährlichen Reptil zum kontrollierbaren Stab, der Stütze und Halt ist. Diese Umkehrung ist der eigentliche Zielpunkt des Zeichens. Sie zeigt, *dass Gott jede Gefahr,* vor der sich die Israeliten fürchten, *kontrollieren und beseitigen kann.* Für die Israeliten muss klar gewesen sein, dass das ein direktes Zeichen dafür ist, dass Gott Mose (in dessen Hand der Stab zur Schlange wird) gebrauchen will, um den Pharao, der selbst die Macht der Schlange, ja die Schlange selbst war, völlig zu kontrollieren und harmlos zu machen. Sogar die Magier des Pharao müssen sich hinterher der Macht dieses Zeichens beugen (2Mo 7,12). Damit wird eigentlich völlig klar, weshalb es gerade dieses Zeichen ist, durch das die Israeliten glauben, Gott werde durch *Mose* das Volk vor dem *Pharao* retten (vgl. 2Mo 4,1). Indem Gott den Stab, den Mose als Unterstützung beim Laufen und Wandern benutzt, zu einer Schlange macht, zeigt Gott, dass er derjenige ist, der für wirkliche Gefahr sorgen kann. Gott zeigt, dass nicht der *Pharao* derjenige ist, den man fürchten muss. *Gott* ist es! Und die Israeliten sollten sich nicht vor dem Pharao fürchten, sondern der Pharao sollte sich vor Gott fürchten. Allein Gott kann aus lebloser Materie eine Schlange machen, also etwas, das in den Augen der Ägypter Macht symbolisierte. Gott hat die völlige Kontrolle darüber.

Mensch oder Gott?

Nur durch Gottes Macht kann Mose das tun, dadurch aber wird hier ein Mensch - ein Nachkomme Evas - zum Schlangenbezwinger! Haben wir hier etwa schon denjenigen gefunden, der nach 1. Mose 3,15 die Schlange besiegen wird? Die menschliche Geschichte geht jedoch auch nach Mose noch weiter. Aber so viel ist klar: Indem Gott Mose dieses Zeichen tun lässt, hält er die Hoffnung auf den wahren Schlangenbezwinger lebendig. Und tatsächlich sagt Mose später ausdrücklich, dass er nur eine Vorschattung auf den wahren Helden der Bibel ist (5Mo 18,15-19). Man könnte entsprechend annehmen, dass auch die Rettung aus Ägypten nur Vorbild einer viel größeren Rettung ist, die nicht durch Mose, sondern durch den wahren Helden der Bibel kommen soll.

Der Kampf mit der Schlange durchzieht die ganze Bibel, doch dabei wird immer stärker betont, dass derjenige, der die Schlange besiegen wird, Gott selbst ist. So wird in Jesaja 27,1 am Ende einer langen Zukunftsschau, in der es um das Ende der Welt und ein globales Gericht Gottes über die Welt geht, der Sieg über die Schlange für das Ende der Zeit verheißen:

> *An jenem Tag wird der HERR mit seinem harten, großen und starken Schwert heimsuchen den Leviatan, die flüchtige Schlange, und den Leviatan, die gewundene Schlange, und wird das Ungeheuer erschlagen, das im Meer ist.*

Auch hier wird die Schlange wieder eng mit Ägypten verbunden, indem sie als das „Ungeheuer, das im Meer ist“ identifiziert wird. Auch die besondere Eigenart der Schlange aus dem Garten Eden, die mehr als eine normale Schlange war, wird hier wieder aufgegriffen, denn hier wird die Schlange als „Leviatan“ bezeichnet - womit eher ein riesiges Reptil als eine Schlange gemeint ist (vgl. Hi 40,25–41,26). Doch am auffälligsten ist, dass derjenige, der die Schlange bezwingt, niemand anderes ist als Gott selbst! Derjenige, der für die Menschheit in den Kampf eintritt, ist also sowohl wahrer Mensch als auch Gott selbst. Und weil im Propheten Jesaja der Sieg über die Schlange für die ferne Zukunft verheißen ist, dauert es bis zum letzten Buch der Bibel, bis dieser Kampf wieder aufgegriffen wird.

Die Vollendung

Im Buch der Offenbarung werden die Fäden zusammengeführt, die sich durch die Bibel ziehen. Es wird der anfängliche Konflikt zwischen den Menschen und der Schlange, zwischen der Frau und diesem Widersacher wieder aufgegriffen. In Offenbarung 12,1-17 sieht Johannes in einer Vision in bildhafter Weise die Auseinandersetzung zwischen Satan und dem Helden der Bibel. Die Schlange wird hier als „großer Drache, die alte Schlange, der Teufel und Satan genannt wird" identifiziert und ist damit der Feind der Menschen schlechthin, weil er „den ganzen Erdkreis verführt". Was sich in 1. Mose 3 bereits angedeutet hat, bewahrheitet sich spätestens hier: Der Satan gehört zu einem übernatürlichen Bereich und hat Zugang zu einer Sphäre, zu der ein Mensch keinen Zugang hat. Er hat in gewisser Weise Zugang zur himmlischen Welt selbst, doch das ändert sich durch den *einen* Nachkommen der Frau. In bildlicher Weise wird von diesem Retter gesprochen, der von der Frau geboren wurde (Offb 12,4) – also wirklicher Nachkomme der Frau ist. Er ist „ein Sohn, ein männliches Kind, der alle Nationen hüten soll mit eisernem Stab", womit niemand anderes als Jesus selbst gemeint ist. Doch statt mit der Schlange zu kämpfen, wird dieser Sohn „entrückt zu Gott und zu seinem Thron" (Offb 12,5). Damit wird bestätigt, dass dieser Retter tatsächlich einerseits wahrer Mensch ist, andererseits aber durch den Platz an Gottes Thron zugleich mehr als ein Mensch sein muss. Doch wird damit eine wesentliche Frage beantwortet: Wenn Jesus der Nachkomme der Frau ist, der die Schlange besiegen wird, warum wird dann im Neuen Testament nicht deutlicher von einem Kampf zwischen Jesus und Satan gesprochen? Warum wird das Bild dieses Retters, der der Schlange den Kopf zertritt, nicht ausführlicher als in wenigen Anspielungen (wie etwa Röm 16,20) aufgenommen? Darauf gibt es eine doppelte Antwort.

Erster Aspekt: Der Sieg durch Blut

Ein erster Aspekt wird dadurch klar, wie das Schicksal der Schlange beschrieben wird: Offenbar hat Jesus den entscheidenden Sieg über die Schlange errungen, denn nach seiner Entrückung zu Gott wird die Schlange aus dem himmlischen Bereich verbannt (Offb 12,9). Was genau die Grundlage des Sieges ist, wird auch gesagt: „Nun ist das Heil und die Kraft und das Reich unseres Gottes und die Macht seines Christus gekommen; denn hinabgeworfen ist der Verkläger unserer Brüder, der sie Tag und Nacht vor unserem Gott verklagte. Und sie haben ihn überwunden wegen des Blutes des Lammes" (Offb 12,10-11). Der Sieg basiert auf dem Blut des Lammes, und durch diesen Sieg haben auch diejenigen, die zu Christus gehören, die Schlange überwunden.

Damit geschieht etwas sehr Verblüffendes: Der eigentliche Sieg über die Schlange wird so geschildert, wie er in der Menschheitsgeschichte gewirkt hat, nämlich nach außen unscheinbar. Die meisten Menschen haben von dem Tod Jesu gar keine Notiz genommen oder ihm, sofern sie ihn überhaupt mitverfolgt haben, keine große Bedeutung beigemessen. Und dennoch geschah dadurch etwas so Entscheidendes, dass anschließend der ganze Himmel in Bewegung gerät und die Schlange von dort vertrieben wird (Offb 12,8-9). Der Sieg Jesu ist anders, als Menschen sich einen Sieg vorstellen würden. Und dennoch hat er mehr Macht als jeder vorstellbare Sieg. Das Blut Jesu hat solche gigantischen kosmischen Auswirkungen, dass gerade *dadurch* der mächtigste Feind der Menschen, der Widersacher schlechthin, sogar aus dem Himmel geworfen wurde. Und gerade die Tatsache, dass der einzige Kampf, der dabei geschildert wird, nur diese konkrete Vertreibung des Satans aus dem Himmel ist, was eher wie eine Nachwehe des eigentlichen Sieges am Kreuz wirkt, offenbart eine zutiefst Ehrfurcht gebietende Dimension des Geschehens am Kreuz. Denn der wahre Held der Bibel, Jesus Christus, brauchte gar keinen tatsächlichen Kampf, um den Widersacher zu besiegen. Er musste noch nicht einmal direkt mit ihm kämpfen. Was er tat, war deutlich größer: Er gab sein Leben und sein Blut hin.

Zweiter Aspekt: Der finale Sieg

Damit ist klar, dass die Bibel deshalb keinen Kampf zwischen Jesus und der Schlange beschreibt, weil der Sieg auf eine andere Weise errungen wurde, als die Menschen es sich vorstellen. Doch trotz der kosmischen Auswirkungen des Sieges Jesu am Kreuz ist der Satan noch nicht endgültig gebannt und zerschlagen. Das führt zu einer zweiten Antwort auf die Frage, weshalb der eigentliche Kampf zwischen Jesus Christus und der Schlange nicht während seiner Wirksamkeit auf der Erde beschrieben wird: Die endgültigen Auswirkungen stehen nämlich noch aus. Daher greift das Buch der Offenbarung den Sieg über die Schlange noch ein zweites Mal auf und schildert den Widersacher bewusst mit fast denselben Worten wie in Offenbarung 12. Dies geschieht ganz am Ende der Offenbarung und damit zugleich am Ende der Geschichte dieser Welt. Dann erst heißt es: „Und er griff den Drachen, die alte Schlange, die der Teufel und der Satan ist; und er band ihn tausend Jahre und warf ihn in den Abgrund und schloss zu und versiegelte über ihm, damit er nicht mehr die Nationen verführte“ (Offb 20,2). Und wenige Verse später wird das endgültige Schicksal des Drachen im „Feuer- und Schwefelsee“ beschrieben (Offb 20,10). Der endgültige Sieg ereignet sich also erst am Ende der Geschichte. Man könnte vermuten, dass hier derjenige, der den Drachen „griff“ und „band“, niemand anderes sein kann als Jesus selbst. Überraschenderweise ist das aber nicht der Fall – derjenige, der am Ende die Schlange binden wird, ist ein gewöhnlicher Engel (Offb 20,1)!

Wenn es im ersten Moment so wirken könnte, als wäre doch nicht Jesus Christus derjenige, der die Schlange besiegt, so hat doch auch diese Schilderung im großen Kontext eine erstaunliche Pointe: Dass die Schlange hier gar nicht von Jesus selbst, sondern von einem gewöhnlichen Engel verbannt und gebunden werden kann, weist nicht auf einen schwachen, sondern auf einen unglaublich starken Christus hin! Denn offenbar ist sein Sieg durch sein Blut so mächtig gewesen, dass ab diesem Zeitpunkt der Schlange gar keine wirkliche Macht mehr bleibt! Die endgültige Verbannung kann also nur deshalb ein normaler Engel vornehmen, weil die Schlange zu diesem Zeitpunkt tatsächlich schon besiegt ist.

Der wahre Held

Damit zeigt die Bibel nicht nur in der Ankündigung, sondern auch in der Beschreibung der Vollendung des Sieges über die Schlange die respekteinflößende Macht Jesu. Während menschliche Helden in Sagen und Märchen mit dem Drachen kämpfen, erringt Jesus einen weitaus größeren und kampflosen Sieg durch seinen Tod. Die kosmischen Auswirkungen dieses scheinbar unscheinbaren Geschehens am Kreuz müsste man fast beängstigend finden, wenn man sich in Erinnerung ruft, wer dieser Widersacher der Menschen eigentlich ist. Doch beängstigend ist die Macht Jesu nur dann, wenn man auf der Seite der Schlange steht. Wer auf der Seite Jesu steht, kann über den wahren Helden einfach nur staunen.

Anmerkungen

1 Siehe zu den folgenden Eigenschaften die geniale Beschreibung einzigartiger Eigenschaften von Schlangen (mit weiteren Hinweisen auf wissenschaftliche Literatur) bei J. Charlesworth, *The Good and Evil Serpent: How a Universal Symbol Became Christianized,* New Haven, Yale University Press, 2010, S. 44–53.

2 Was Schlangen oder Krokodile betrifft, sind Größenordnungen, die heute lebende Tiere bei Weitem übersteigen, auch nachgewiesen. Belegt sind Schlangen mit einer Größe von 13 Metern, die dabei über eine Tonne auf die Waage brachten. Anhand von Überresten werden manche Exemplare sogar auf bis zu 20 Meter geschätzt, vgl. J. Head et al., *Giant boid snake from the Palaeocene neotropics reveals hotter past equatorial temperatures,* Nature 457 (2009), S. 715–717, mit der zugehörigen *Supplementary Information* unter https://doi.org/10.1038/nature07671.

3 Die Grundform von „nackt“ und „listig“ besteht im Hebräischen jeweils nur aus denselben Konsonanten Ajin, Resch und Mem.

4 Siehe hier etwa Josephus, *Antiquitates Judaicae* I, 1,50 sowie Tosefta Sotah 4,17; vgl. auch J. Charlesworth, *The Good and Evil Serpent: How a Universal Symbol Became Christianized,* New Haven, Yale University Press, 2010, S. 293.

5 Siehe E. Tchernov et al., *A Fossil Snake with Limb*s, Nature 287 (2000), S. 2012.

6 S. Apesteguía; H. Zaher, *A Cretaceous terrestrial snake with robust hindlimbs and a sacrum Cretaceous,* Nature 440 (2006), S. 1037.

7 Vgl. F. Garberoglio et al., *New skulls and skeletons of the Cretaceous legged snake Najash and the evolution of the modern snake body plan,* Science Advance 5 (2019), doi: 10.1126/sciadv.aax5833, S. 3–4.

8 E. Yong, *A Fossil Snake With Four Legs*, National Geographic, Science, online unter https://www.nationalgeographic.com/science/article/a-fossil-snake-with-four-legs. Siehe auch D. Martil et al., *A four-legged snake from the early Cretaceous of Gondana*, Science 349 (2015), S. 416–419.

9 Siehe dazu auch I. Paparella et al., *A new fossil marine lizard with soft tissues from the Late Cretaceous of southern Italy*, the Royal Society Open Science 5 (2018), doi: 10.1098/rsos.172411, S. 23–24.

10 E. Kvon et al., Progressive Loss of Function in a Limb Enhancer during Snake Evolution, Cell 167 (2016), S. 637–638.

11 Der Begriff ist derselbe, der in Jesaja 6,2 mit „Serafim" Engelwesen bezeichnet und an den anderen Stellen in der Bibel als „fliegende Schlangen" (Jes 14,29; 30,6) oder „feurige Schlangen" (4Mo 21,6) mehr als gewöhnliche Schlangen zu bezeichnen scheint.

12 Dieser Drache ist ein Symbol für Satan selbst und damit auf derselben Ebene wie die „Schlange" in 1. Mose 3,1.

13 Siehe dazu Gonzales, M., *A Narrative Analysis of Genesis 3:1-7 and the Theological Significance of the Serpent,* Master's Thesis 144, Andrews University, 2019, S. 15–16.

14 Das Wort „Bauch" in 1. Mose 3,14 meint nicht den menschlichen Bauch, sondern ist ein spezielles Wort, das daneben nur noch in 3. Mose 11,42 zur Beschreibung der „wimmelnden" und „kriechenden" Tiere verwendet wird.

15 Vgl. dazu U. Cassuto, *A Commentary on the Book of Genesis: Part I, From Adam to Noah (Genesis I-VI 8),* Jerusalem, Magnes Press, 1998, S. 160.

16 Das geht daraus hervor, dass die Personalsuffixe und Personalpronomen in 1. Mose 3,15 allesamt im Singular stehen, was nur zu erwarten ist, wenn es sich tatsächlich um einzelne Personen handelt. Wäre „Same" ein sogenannter kollektiver Singular, wäre bei den Pronomen ein Plural zu erwarten gewesen. Dieser Befund wurde an allen Belegstellen des hebräischen Wortes „Same" geprüft von J. Collins, *A Syntactical Note (Genesis 3:15): Is The Woman's Seed Singular Or Plural?*, Tyndale Bulletin 48 (1997), S. 139–147 sowie unabhängig davon von A. Ojewole, *The Seed in Genesis 3:15: An Exegetical and Intertextual Study,* Andrews University, 2002, S. 191–195; vgl. ferner J. Collins, *Genesis 1–4: A Linguistic, Literary, and Theological Commentary,* Phillipsburg, P&R Publishing, 2006, S. 156–159. Dass diese Lesart richtig ist, zeigt außerdem die von hebräischen Muttersprachlern erstellte Septuaginta (Übersetzung des Alten Testaments auf Griechisch), die alle Belege des hebräischen Wortes „Same" wortgetreu übersetzt, soweit das in den Regeln der griechischen Grammatik möglich ist. Einzig und allein in 1. Mose 3,15 nimmt sie aber eine Übersetzung vor, die den Regeln der griechischen Grammatik zuwiderläuft (also einen absichtlichen Grammatikfehler darstellt), weil sonst der Bezug auf

eine Einzelperson nicht deutlich genug zum Ausdruck kommt. Auf eine solche Interpretation deuten außerdem andere alte Übersetzungen und der größere Kontext in 1. Mose hin, vgl. dazu A. Ojewule, a. a. O., S. 195–205; J. Collins, a. a. O., S. 157–159.

[17] In 1. Mose 22,17-18 wird dieselbe hebräische Konstruktion verwendet, die auf einen einzelnen Nachkommen hinweist. Dass dieser Hinweis tatsächlich verstanden wurde, zeigt die Behandlung von Paulus in Galater 3,16, in der er sich auf 1. Mose 22,17-18 bezieht und auf die grammatikalische Einzahl hinweist. Die grammatikalische Betonung eines einzelnen Nachkommens unterscheidet sich von anderen Stellen, in denen von Nachkommen die Rede ist, und ist so auffällig, dass es nicht nur naheliegt, dass in beiden Stellen dieselbe Person gemeint ist, sondern dass 1. Mose 22,17-18 sogar als gezielte Anknüpfung an 1. Mose 3,15 verstanden werden muss, in der weitere Details über den Nachkommen der Frau genannt werden. Die Korrespondenz beider Stellen und die Bezugnahme durch Paulus werden ausführlich untersucht von J. Collins, *A Syntactical Note (Genesis 3:15): Is The Woman's Seed Singular Or Plural?*, Tyndale Bulletin 48 (1997), S. 139–147.

[18] Die Personalpronomen im letzten Satz von 1. Mose 3,15 sind syntaktisch redundant und nur zur Betonung hinzugefügt. Was die Elberfelder Bibel völlig sinngemäß mit „und du, du wirst ihm …“ übersetzt, gilt dementsprechend auch für den ersten Teil des Satzes: „Er, er“.

[19] Das hier verwendete hebräische Wort meint immer den Hinweis oder Signalcharakter und wird meistens für ganz normale Zeichen, Symbole oder Hinweise verwendet. Davon zu unterscheiden ist das Wort für Wunder, das eher den außergewöhnlichen Charakter einer Begebenheit betont.

[20] Siehe zur Schlange in Ägypten J. Charlesworth, *The Good and Evil Serpent: How a Universal Symbol Became Christianized*, Yale University Press, New Haven 2010, S. 85–88.

[21] Siehe zur Auseinandersetzung zwischen Gott und der Schlange als Symbol für Ägypten auch L. Morales, *Exodus Old and New: A Biblical Theology of Redemption*, Downers Grove, IVP Academic, 2020, S. 48–65.

2. DER GEHEIMNISVOLLE KRIEGSBOGEN

Fast jeder freut sich, ihn zu sehen: den Regenbogen. Er ist schön anzusehen und kommt in Kinderbüchern besonders häufig vor. Aber hinter ihm verbirgt sich mehr als Kinderbuchidylle und schönes Farbenspiel. Der leuchtende Regenbogen bekommt seinen großen Auftritt in der Bibel direkt nach einem der dunkelsten Ereignisse, nämlich nach der Sintflut. Seine Symbolik führt uns in eine Welt von Gericht, Tod und Krieg hinein. Und genau in diesem Kontext vermittelt der Regenbogen eine erstaunliche, geradezu spektakuläre Botschaft. Der Regenbogen ist nichts anderes als eine bedingungslose, unwiderrufliche und geschenkte Friedensverheißung Gottes für uns Menschen und weist wieder auf den *Einen* voraus – den Helden der Bibel. Also, schauen wir genauer hin.

Gericht und Neuanfang

Als die Menschen aus der Arche die Welt nach dem Gericht der Flut neu betreten, gibt Gott ihnen eine bedingungslose Verheißung in Form eines Bundes. Wie nach der Schöpfung segnet Gott den Menschen mit den Worten: „Seid fruchtbar und vermehrt euch und füllt die Erde!" (1Mo 9,1; vgl. 1Mo 1,28). Doch eines ist neu: Diesmal verbürgt Gott sich dafür, dass er die Erde selbst dann, wenn der Mensch sich erneut gegen Gott auflehnt, nicht noch einmal durch eine Flut vernichtet:

> *Und der HERR sprach in seinem Herzen: Nicht noch einmal will ich den Erdboden verfluchen wegen des Menschen; denn das Sinnen des menschlichen Herzens ist böse von seiner Jugend*

> *an; und nicht noch einmal will ich alles Lebendige schlagen, wie ich getan habe. Von nun an, alle Tage der Erde, sollen nicht aufhören Saat und Ernte, Frost und Hitze, Sommer und Winter, Tag und Nacht. (1Mo 8,21-22)*

Mit dieser Verheißung legt sich Gott nicht nur darauf fest, dass es keine Flut mehr geben wird. Wenn man genau auf die Formulierung achtet, wird hier deutlich, *dass es eine längere Zeit überhaupt kein verheerendes globales Gericht mehr geben wird,* weil Gott die Welt im Verlauf der Jahreszeiten lange bestehen lassen wird. Es ist von einer Zeit die Rede, in der Saat und Ernte und der Verlauf der Jahreszeiten nicht mehr durch ein globales Gericht unterbrochen werden, und zwar „alle Tage der Erde".[1] Es ist fast, als ob der Welt eine Zeit der Ruhe und des Friedens verheißen wird. Doch auf welcher Grundlage kann Gott nun auf ein solches Gericht wie die Sintflut verzichten? Liegt es daran, dass der Mensch aus seinen Fehlern gelernt hat und denselben Fehler der Auflehnung gegen Gott, den die ersten Menschen begingen, nicht noch einmal begehen wird?

Sofern man beim Lesen diesen Optimismus haben sollte, wird er schon ausgeräumt, bevor man überhaupt dazu kommt, die weiteren Geschehnisse nach der Flut zu lesen. Denn *schon innerhalb der Verheißung* redet Gott davon, dass das „Sinnen des menschlichen Herzens böse ist von seiner Jugend an" (1Mo 8,21). Genau dieses böse Herz aber war die Ursache für die Flut gewesen (1Mo 6,5) – und an dieser Ursache hat sich durch die Flut offenbar gar nichts geändert.

Vor diesem Hintergrund ist die Zusage Gottes höchst erstaunlich. Offenbar gibt Gott die Verheißung, dass er von nun an eine längere Zeit kein ähnlich verheerendes Gericht wie die Sintflut schicken wird, nicht deshalb, weil er das Beste im Menschen sieht oder die zukünftige Geschichte durch eine rosarote Brille betrachten möchte. Das genaue Gegenteil ist der Fall: Er gibt sie *im vollen Wissen* darum, dass der Mensch sich kein bisschen geändert hat und ändern wird! Er verheißt der Erde Ruhe vor einem erneuten Gericht durch eine Flut, obwohl er sich keine Illusion über den inneren Zustand des

Menschen macht. Kann das sein? Hat Gott diese Worte wirklich so gemeint? Ja, genau so ist es, und es kommt noch überraschender: Gott hat seine Worte nicht nur genau so gemeint, sondern er verbürgt sich zusätzlich noch mit einem Bund dafür.

Ein Bund

Ein Bund ist eine feste und verbindliche Vereinbarung. Im damaligen Kontext ist es die stärkste nur denkbare Form, eine Zusage rechtskräftig und öffentlich zu verbürgen. Deshalb ist es erstaunlich, dass Gott – der ohnehin nicht lügen kann – seine bereits gegebene Verheißung zusätzlich durch einen Bund verbürgt.[2] Und dieser Bund ist von einer Tragweite, die man kaum überschätzen kann: Gott schließt einen Bund mit Noah, seinen Nachkommen und jedem lebenden Wesen der Erde (1Mo 9,9-10) und verspricht: „Nie mehr soll es eine Flut geben, die Erde zu vernichten" (1Mo 9,11). Der Empfängerkreis der Verheißung könnte also größer gar nicht sein: Sie gilt ausdrücklich „jedem lebenden Wesen" (1Mo 9,16) von Noah an – bis heute. Sie gilt sogar jedem heute lebenden Menschen und sogar für jeden Menschen, der noch geboren wird, denn es handelt sich um eine Verheißung „auf ewige Generationen hin" (1Mo 9,12). Doch dieser Bund ist noch mehr; er ist zusätzlich ein Geschenk.

Ein Geschenk

Normalerweise wurden Bünde als beidseitige Verpflichtungen zwischen zwei Vertragspartnern geschlossen, sodass jeder der Partner Rechte und Pflichten hatte – ähnlich wie bei heutigen Verträgen. Doch für besondere Zwecke gab es auch die Art eines Bundes, bei der eine der Parteien sich einseitig verpflichtete, ohne dafür eine Gegenleistung einzufordern. Man nennt das einen „Schenkungsbund", weil die durch den Bund gemachte Zusage ein Geschenk ist. Der Bund, den Gott mit der ganzen Schöpfung schließt, ist ein solcher Schenkungsbund, denn es wird keine Verpflichtung des Menschen erwähnt.[3] Es ist ein Bund, der betont, dass es von der menschlichen

Seite her keinerlei Verpflichtung gibt. Allein das ist erstaunlich, wie man sich durch ein paar Gedankenexperimente klarmachen kann:

Was wäre, wenn der Mensch sich nun in offener Feindschaft gegen Gott wenden würde? Auch dann hält Gott den Bund ein und richtet die Erde nicht wie bei der Flut – es ist schließlich ein Schenkungsbund.

Was wäre, wenn der Mensch Gott geradezu anfeindet, provoziert, herausfordert? Auch dann hält Gott den Bund und richtet die Erde nicht wie bei der Flut – es ist schließlich ein Schenkungsbund.

Was wäre, wenn der Mensch das schlimmste nur Denkbare täte, um sich gegen Gott zu vergehen? Was wäre, wenn der Mensch – sagen wir – Gott selbst Gewalt antun könnte, sobald Gott sich in leiblicher Gestalt auf die Erde zeigt? Wenn er Gott, der – sagen wir – in Menschengestalt erschiene, schlagen, verspotten, beschimpfen, verfluchen, verlästern und schmähen würde?

Auch dann hält Gott den Bund und richtet die Erde nicht – es ist schließlich ein Schenkungsbund.

Wirklich bedingungslos

Bei solchen hypothetischen Gedankenspielen – denn genau so muss einem alttestamentlichen Leser die eben beschriebene Szene erscheinen, denn sie ist in seinen Augen unvorstellbar – muss man sich unwillkürlich fragen, ob es nicht unter solchen gravierenden Umständen Möglichkeiten für Gott gibt, die gegebene Verheißung zurückzunehmen. Im menschlichen Bereich geschieht es bei weit harmloseren Umständen, dass jemand seine Meinung ändert und ein Geschenk zurückerhalten möchte. In einem solchen Fall kann man ihm den Gefallen tun und das Geschenk zurückgeben oder auf dem Geschenk beharren und es auf einen Rechtsstreit ankommen lassen.

Genau an dieser Stelle kommt der Bund ins Spiel. Indem Gott seine Verheißung mit einem Bund verbürgt, schließt er *rechtskräftig* aus, dass sie jemals zurückgenommen oder zurückgegeben werden *kann.* Ab dem Zeitpunkt, zu dem der Bund in Kraft tritt, ist er nicht mehr nur eine gnädige Zusage, sondern auch ein heiliges Versprechen, mit dem Gott sich für die Einhaltung der Verheißung verbürgt. Ein Umtausch oder eine Rückgabe ist ausgeschlossen. Gott meint es absolut ernst.

Absolut einzigartig

Aus diesen Gründen ist der Bund, den Gott mit der Schöpfung schließt, absolut erstaunlich: Er könnte in seiner Reichweite für die Schöpfung (jedes lebende Wesen, ewige Dauer) kaum größer sein, er verlangt keine Gegenleistung des Menschen und ist eine so sichere Zusage, dass jede Form des Widerrufs ausgeschlossen ist. Die Verheißung Gottes wäre fast zu schön, um wahr zu sein, wäre sie nicht wirklich geschehen. Fassen wir das einmal zusammen:

- Gott verspricht der Erde für lange Zeit Frieden, obwohl er weiß, dass sich das Herz des Menschen kein bisschen geändert hat. Gott verspricht Frieden, obwohl er sehr genau weiß, dass der Mensch in Kürze wieder in den Zustand vor der Sintflut zurückfallen wird. Wie ist das möglich?
- Gott bindet diese Zusage nicht an das Verhalten des Menschen. Er hält sie auch dann, wenn der Mensch sich auf schlimmste nur denkbare Weise gegen Gott vergeht. Wie ist das möglich?
- Gott schließt einen Widerruf der Verheißung zusätzlich und kategorisch dadurch aus, dass er sich mit einem Bund verbürgt. Wie ist das möglich?

Man ist zwangsläufig geneigt zu fragen, wie Gott sich zu einer so unverdienten und unvorstellbar großzügigen Zusage stellen kann: Wie ist das alles möglich?

Diese Art der Verheißung kann man kaum glauben und muss sie sich sprichwörtlich vor Augen führen, um sich zu trauen, Gott beim Wort zu nehmen. Deshalb gibt Gott selbst ein sichtbares Zeichen für seine geniale Zusage. Und genau hier kommt der Regenbogen ins Spiel.

Das Bundeszeichen

Zur biblischen Zeit hatten Bünde normalerweise ein Zeichen, durch das sie nach dem Bundesschluss bekräftigt wurden. Ähnlich wie heute der Ehering auf symbolische Weise für den einmal geschlossenen Ehebund steht, war es auch damals. Wann immer man das Zeichen sah, erinnerte man sich an den Bund. Als ein solches Zeichen gibt Gott den Regenbogen:

> *Dies ist das **Zeichen** des Bundes, den ich stifte zwischen mir und euch und jedem lebenden Wesen, das bei euch ist, auf ewige Generationen hin: Meinen **Bogen** setze ich in die Wolken, und er sei das **Zeichen** zwischen mir und der Erde. Und es wird geschehen, wenn ich Wolken über die Erde aufwölke und der **Bogen** in den Wolken erscheint, dann werde ich an meinen Bund denken, der zwischen mir und euch und jedem lebenden Wesen unter allem Fleisch besteht [...]. Wenn der **Bogen** in den Wolken steht, werde ich ihn ansehen, um an den ewigen Bund zu denken zwischen Gott und jedem lebenden Wesen unter allem Fleisch, das auf Erden ist. Und Gott sprach zu Noah: Das ist das **Zeichen** des Bundes, den ich aufgerichtet habe zwischen mir und allem Fleisch, das auf Erden ist. (1Mo 9,12-17)*

Es zeugt von einer fast ästhetischen Symmetrie, dass genau dreimal das *Zeichen* des Bundes genannt wird und ebenso genau dreimal der *Bogen* erwähnt wird.[4] Beides ist wichtig und beides wird zur Betonung dreimal genannt. Der Bogen ist das Zeichen – doch wofür?

In alttestamentlicher Zeit hatte ein Bundeszeichen seinen Sinn darin, den Inhalt des Bundes auf symbolische Weise auszudrücken. Solche Bundeszeichen findet man noch an anderen Stellen der Bibel: So drückt die Beschneidung, die das Bundeszeichen des Bundes mit Abraham ist (1Mo 17,10-14), den Inhalt des Bundes, nämlich die darin eingeschlossene Verheißung einer großen Nachkommenschaft (1Mo 17,3-9), symbolisch aus. Sie drückt aus, dass Israel die Verheißung der großen Nachkommenschaft nicht aus dem Zeugungsorgan des Mannes allein verwirklichen kann, sondern dass jedes menschliche Tun hier weggetan wird, weil es auf Gott und sein Handeln ankommt.[5] Ähnlich verhält es sich beim Bundeszeichen des Sinaibundes: Als Gott einen Bund mit dem Volk Israel schließt, wird der Sabbat zum Bundeszeichen, weil er für die Erlösung des Volkes aus der Sklaverei in Ägypten in die Ruhe hinein steht und außerdem mit Israel eine Art Neuschöpfung in Anlehnung an die Erschaffung der Welt beginnt.[6] Es ist nicht schwer zu sehen, wie das Bundeszeichen bei diesen beiden Bünden jeweils ganz passend gewählt wird, um den Inhalt des Bundes symbolisch auszudrücken, sodass man sich leicht daran erinnern kann. Doch wofür steht nun der Bogen? Und was für ein Bogen ist hier gemeint?

Regen- oder Kriegsbogen?

Der Bogen nach der Sintflut ist so geläufig, dass man ihn unwillkürlich mit dem Regenbogen gleichsetzt – und auch zu Recht. Es ist schließlich der Bogen, der „in den Wolken steht" (1Mo 9,16) und der sichtbar wird, wenn Gott „Wolken über die Erde aufwölkt und der Bogen in den Wolken erscheint" (1Mo 9,14). Schaut man allerdings genau hin, so stellt man fest, dass das Wort „Bogen" nur im übertragenen Sinne auf das Phänomen bezogen wird, das wir als „Regenbogen" kennen. Anlässlich des Dauerregens und der Flut gibt Gott dem Phänomen des Regenbogens, den man an Regentagen manchmal sieht, eine besondere Bedeutung.[7] Im Hebräischen hat der Ausdruck Bogen eigentlich eine andere Bedeutung und ein ganz anderes Bedeutungsspektrum: Es meint so gut wie immer den Bogen, der für die Jagd oder als Waffe im Krieg benutzt wird. Im Gegensatz zum deutschen Wort „Bogen", das man in sehr vielen Kontexten verwenden kann, wenn es um etwas Gewölbtes oder Gebogenes geht, hat das hebräische Wort diese breite Bedeutung nicht. Es hat ein so enges Bedeutungsspektrum, dass es eine fast schon technische Bezeichnung für die Waffe ist, die wir als „Bogen" bezeichnen, und wird daher außerhalb von 1. Mose 9 fast ausnahmslos im militärischen Kontext für den Kriegsbogen verwendet.[8]

Ein Zeichen des Friedens

Ein Leser des hebräischen Textes denkt bei diesem „Bogen" als Zeichen also zunächst an den Kriegsbogen – und genau hier liegt auch der Sinn des Bundeszeichens. In einem Kontext, in dem es um Gottes Gericht mit der Welt geht und in dem Gott die Menschen gerade fast vernichtet hatte, spricht Gott also von einem Kriegsbogen. Genauer gesagt spricht er von *seinem* Kriegsbogen: „*Meinen* Bogen setze ich in die Wolken" (1Mo 9,13). Das Besondere an dieser Formulierung ist, dass sie einen bildlichen Vorgang ausdrückt, bei dem Gott seinen Bogen nimmt und in die Wolken setzt. Der Bogen ist damit nicht mehr in seiner Hand, sondern in den Wolken und dort (symbolisiert durch den Regenbogen) für alle sichtbar. Gott stellt damit seine „Waffe", die er durch die Flut noch als Gericht gegen die Welt gewendet hatte, symbolisch beiseite. Der Regenbogen steht also symbolisch für den beiseitegestellten Kriegsbogen Gottes. Von hier aus ist es nicht mehr schwer, das Bundeszeichen zu verstehen: Von nun an verheißt er der Welt eine längere Zeit des Friedens ohne globales Gericht. Der Regenbogen symbolisiert daher den Frieden, den Gott der ganzen Schöpfung zusagt.[9] Und er verheißt diesen Frieden bedingungslos und einseitig.

Ein Zeichen der Gnade

Damit kommen allerdings Fragen auf: Wie kann Gott, der eben noch die Welt zu Recht wegen der Bosheit des menschlichen Herzens gerichtet hat, nun so plötzlich und ohne eine Änderung des Menschen Frieden zusagen? So viel ist sicher: Das ist reine Gnade. Es ist eine Verheißung unverdienter Gunst, die dem Menschen und der Welt das Leben und das Fortbestehen schenkt, und zwar ohne Gegenleistung. Doch wie kann Gott der Welt ein solches Gericht ersparen? Weshalb kann er das folgende Unrecht in der Menschheitsgeschichte einfach so übersehen? Ist dieser Friede kostenlos und billig? Aus der bisherigen Geschichte der Bibel in 1. Mose 1–9 sollte man etwas anderes erwarten – sonst hätte Gott die Welt überhaupt nicht zu richten brauchen. Es scheint eher so, als gäbe es eine andere Grundlage für diesen Frieden. Diese wird deutlich, wenn man sich das Bundeszeichen noch genauer anschaut.

Gott in der Schusslinie?

Wenn der Regenbogen symbolisch für den Kriegsbogen Gottes steht, dann ist höchst bemerkenswert, *wie* dieser in den Wolken steht. Wenn Menschen einen Bogen wegstellen, wird er aufrecht in die Ecke gestellt. Doch Gottes Bogen ist nach oben gewölbt und zeigt damit in den Himmel. Der Bogen, den Gott in die Wolken setzt, würde nicht nach links oder rechts, nach Osten oder Westen schießen, sondern nach *oben*. Was soll denn das bedeuten? Will Gott sich selbst in die Schusslinie begeben? Will Gott etwa selbst den Pfeil abbekommen, damit er die Welt verschonen kann? Kann er der Welt nur Frieden anbieten, indem er selbst leidet? Für die Menschen im Alten Testament muss das sehr rätselhaft gewesen sein. Doch im Kontext der Flut macht das Sinn: Es scheint, als ob Gott der Welt deshalb ohne Bedingungen und einseitig eine Friedenszeit anbieten kann, weil er selbst dafür einsteht und das Gericht selbst auf sich nehmen möchte. Er kann deshalb das zukünftige Unrecht übersehen, weil er auf andere Art dafür aufkommt. Doch auf welche Art und Weise?

Der Held der Bibel

Obwohl der Bund für den Menschen ohne Bedingung ist, ist er nicht kostenlos. Der nach oben gerichtete Bogen deutet an, dass Gott selbst dafür einsteht – und zwar mit seinem Leben. Der Bund ist für die Menschheit umsonst, aber nicht kostenlos. Er kostet Gott alles – und ist damit für einen alttestamentlichen Leser ein tiefes Mysterium. In diesem Sinne ist der Regenbogen zugleich ein leuchtendes Strahlen der Herrlichkeit Gottes. Wie der Regenbogen in unterschiedlichen Farben die ganze Schönheit und das ganze Spektrum der für den Menschen sichtbaren Farben des Lichts offenbart, so zeigt sich hier die Schönheit der Herrlichkeit Gottes. Dieses Bundeszeichen ist deshalb ein Zeichen, weil es gleichzeitig etwas über Gottes Handeln und sein Wesen deutlich macht. In diesem Sinne ist der farbige Bogen ein Hinweis auf die Herrlichkeit und Schönheit der leuchtenden Gnade dessen, der ihn als Zeichen gibt. Denn wenn schon der Bogen so schön und herrlich ist, wie muss dann erst derjenige sein, dem er gehört? Und genau hier kommt der Held der Bibel ins Spiel. Der eigentliche Held in 1. Mose 9 ist Gott. Er hat den Bogen, und er setzt ihn als Zeichen des Friedens in die Wolken. Der weggestellte und nach oben gerichtete Bogen ist damit zugleich eine radikale Infragestellung menschlicher Vorstellungen von Helden, die sich meist erst in Gewalt- und Kriegssituationen hervortun. Hier wird Gott als Held sichtbar, der ein Symbol des Krieges in ein Symbol des Friedens umformt.[10]

Fragen über Fragen

Setzen wir das bisherige Bild einmal vorläufig zusammen: Gott verheißt der Welt Frieden und ermöglicht eine Aufschiebung des Gerichts. Er bindet diese nicht an die Bedingung, dass der Mensch sich durch gute Taten beweist, sondern sagt sie bedingungslos und als reines Gnadengeschenk zu. Und er verbürgt sich dafür mit einem Bund. Als Zeichen dafür steht der Regenbogen, und wo er auftaucht, wird eben das deutlich: Gott macht Frieden, er offenbart seine Herrlichkeit, er ist bereit, bis zur Selbstaufgabe – ja, bis zum eigenen Tod – dafür einzustehen, er ist unfassbar gnädig und zeigt sich als ein Kriegsheld, der lieber selbst bereit ist, das Gericht zu tragen, als die Welt zu vernichten. Eben *das* ist es, wofür der Regenbogen steht. Es ist das Bild eines Helden, der nicht von dieser Welt ist. Ein Held, der seinen Bogen lieber weglegt, als damit auf den Pfad der Rache zu gehen. Ein Held, der lieber sich selbst aufs Spiel setzt, als seine Feinde zu verlieren, die er doch eigentlich bestrafen müsste.

Hinter dem Regenbogen erscheint er also wieder: der wahre Held der Bibel. Doch wie konkretisiert sich das, was Gott hier verheißt? Man muss dazu nicht bis zum Neuen Testament warten, denn schon im Alten Testament lüftet sich Stück für Stück der Vorhang hinter diesem geheimnisvollen Bogen und dem damit verbundenen Helden.

Eine mysteriöse Gestalt

Schaut man noch ein bisschen weiter im Alten Testament, so stößt man auf eine interessante Stelle im Propheten Hesekiel. Es ist die einzige andere Stelle im Alten Testament außerhalb von 1. Mose 9, in der auf das Phänomen des Regenbogens Bezug genommen wird. Gleich zu Beginn des Buches wird eine faszinierende Vision der Herrlichkeit Gottes geschildert: Auf einer Art Wagen sieht Hesekiel den Thron Gottes. Nachdem der Prophet in allen Einzelheiten die Gestalt dieses Wagens und die ihn umgebenden Wesen betrachtet hat (Hes 1,4-25), richtet sich der Blick nun auf den, der auf dem Thron sitzt – auf Gott selbst. Und hier kommt die große Überraschung: „Und auf dem, was wie ein Thron aussah, oben auf ihm war eine Gestalt, dem Aussehen eines Menschen gleich“ (Hes 1,26).

Die Herrlichkeit des Thrones und der ihn umgebenden Wesen, die Hesekiel vorher gesehen hatte, war schon herrlich, aber insgesamt natürlich nur ein Abglanz der Herrlichkeit dessen, der auf dem Thron sitzt. Es kann also keinen Zweifel geben, dass die Gestalt auf dem Thron niemand anders sein kann als Gott selbst – aber in der Gestalt eines Menschen (Hes 1,26-28)! Diese Vision konnte einen Israeliten zur Zeit des Alten Testaments wahrhaft verstören. Der herrliche Gott in Menschengestalt? War das nicht blasphemisch? Nein, nicht blasphemisch, aber atemberaubend. Gott selbst identifiziert sich so sehr mit dem Menschen, dass er als Mensch erscheint. Und genau hier taucht er wieder auf: der Regenbogen. Um die herrliche Gestalt Gottes, der als Mensch zu sehen ist, erscheint nämlich der Regenbogen:

> *Wie das Aussehen des Bogens, der am Regentag in der Wolke ist, so war das Aussehen des Glanzes ringsum. Das war das Aussehen des Abbildes der Herrlichkeit des HERRN. (Hes 1,28)*

Da es im Hebräischen kein eigenes Wort für den Regenbogen gibt, wird hier der umständliche Ausdruck „der Bogen, der am Regentag in der Wolke ist“ verwendet, um deutlich zu machen, worum es geht. Es wird also auf genau das Phänomen Bezug genommen, das Menschen als „Regenbogen“ kennen, obwohl dabei das Wort verwendet wird, das sonst den Kriegsbogen meint. Doch während in 1. Mose 9 der Regenbogen als Symbol eines Kriegsbogens gesehen wurde, tritt hier der Aspekt des Kriegsbogens eher in den Hintergrund. Weshalb das so sein kann, wurde schon in 1. Mose 9 deutlich: Der Kriegsbogen Gottes wird zu einem Zeichen des Friedens, bei dem die Herrlichkeit seiner Gnade im Vordergrund steht. Genau diese Symbolik tritt nun hier noch viel stärker hervor: Der Regenbogen zeigt in seiner Farbenpracht die Herrlichkeit Gottes, denn es sind ausdrücklich der „Glanz“ und die „Herrlichkeit des HERRN“, die Hesekiel an den Regenbogen erinnern (Hes 1,28). Doch derjenige, der sich mit diesem Glanz und der Herrlichkeit Gottes schmückt, ist kein Kriegsheld, sondern Gott in Menschengestalt. Dieser Mensch, den Hesekiel hier sieht, ist das „Abbild der Herrlichkeit des HERRN“ (Hes 1,28)![11] Die Symbolik des Regenbogens wird also weitergeführt: Hier erscheint Gott in Menschengestalt als Friedensbringer. Der Friede, den Gott der Welt anbietet, wird hier sozusagen personifiziert: Er wird in der Person dieses Menschen, der gleichzeitig Gott ist, Realität. In dieser Person ist die ganze Herrlichkeit der leuchtenden Gnade, die Schönheit des bedingungslosen Friedensangebotes zusammengefasst. Genau diese Herrlichkeit der Gnade ist nun auf menschliche Ebene transportiert und für Menschen sichtbar geworden. Dabei erscheint der Regenbogen erstaunlicherweise nicht mehr nur am Regentag, sondern ist offenbar auch stetiges Erkennungszeichen und Teil der Herrlichkeit, mit der sich der Träger schmückt. Man könnte fast sagen, dass hier Gott „Fleisch wird“ und man „seine Herrlichkeit angeschaut hat“, die „voller Gnade und Wahrheit ist“ (Joh 1,14). So beschreibt der Evangelist Johannes später die Herrlichkeit Jesu, weil es eben Jesus selbst ist, der die Fülle der Herrlichkeit Gottes als wahrer Mensch ausstrahlt. Ob Johannes bei dieser Herrlichkeit an den Regenbogen gedacht hat, ist natürlich nicht bekannt, aber er betont unmissverständlich, *wer* dieser Mensch ist, in dem man die Herrlichkeit Gottes so deutlich auf menschlicher Ebene sehen kann. Vielleicht ist es kein Zufall, dass es ausgerechnet Johannes ist, der die einzige weitere Erwähnung des Regenbogens in der Bibel verschriftlicht und auch dort die Herrlichkeit Gottes sieht.

Ein weiteres Mal der Regenbogen

Die einzige weitere Stelle, in der in der Bibel neben 1. Mose 9 und Hesekiel 1,28 vom Regenbogen die Rede ist, steht ganz am Ende der Bibel im Buch der Offenbarung. Was Johannes hier sieht, hat so große Ähnlichkeiten mit der Gestalt in Hesekiel 1, dass in beiden Visionen dieselbe Person erkennbar wird. Auch Johannes sieht einen Thron und ihn umgebende herrliche Wesen (Offb 4,1-9). Und dort haben wir ihn wieder – den Regenbogen: „Und ein Regenbogen war rings um den Thron" (Offb 4,3). Auch hier ist das Farbenspiel des Regenbogens wieder der Glanz der Herrlichkeit Gottes, der Frieden zusagt. Und endlich erscheint in diesem Kontext nun auch die Lösung für die Frage, die im Alten Testament noch offen geblieben war: Johannes sieht nun auch die Grundlage dafür, dass Gott das Gericht über die Welt aufschieben konnte. Statt der Gestalt eines Menschen sieht Johannes nun etwas anderes: ein Lamm (Offb 5,6), und zwar ein friedvolles Lamm, das noch die Todeswunde aufweist und daher „wie geschlachtet" ist (Offb 5,6). Ganz offensichtlich war dieses Lamm als Opfer dargebracht worden.

Was im Alten Testament noch rätselhaft war, wird hier klar: Hier ist einerseits Gott auf dem Thron mit der Herrlichkeit des Regenbogens. Und hier ist andererseits das Lamm, dem zugesungen wird: „Du bist würdig, das Buch zu nehmen und seine Siegel zu öffnen, denn du bist geschlachtet worden und hast durch dein Blut Menschen für Gott erkauft aus jedem Stamm und jeder Sprache und jedem Volk und jeder Nation" (Offb 5,9). Es ist also das Lamm, das durch sein Opfer das Gericht von so vielen Menschen getragen hat. Das Lamm aber ist niemand anderes als Jesus, der sich selbst in das Gericht Gottes begeben hat, damit Gott die Menschheitsgeschichte nach der Flut überhaupt fortsetzen konnte, ohne sie sofort mit einem Gericht für immer zu beenden. Er ist derjenige, der nicht nur die Herrlichkeit des Regenbogens als Zeichen des Friedens verkörpert, wie es in Hesekiel 1,28 angedeutet war. Er ist auch derjenige, der die *Grundlage* dafür geschaffen hat, dass Gott einer bösen Welt überhaupt zusagen kann, das Gericht aufzuschieben, und zwar im doppelten Sinn: Gott hat das Gericht nicht nur zeitlich *auf*geschoben und der Menschheit damit eine Zeit des Friedens zugesagt, er hat es auch auf Jesus *ver*schoben. Nur so konnte Gott nach der Sintflut überhaupt Frieden verheißen und dennoch gerecht bleiben.

Diesen Gedanken drückt Paulus in Römer 3,25-26 aus. Er sagt dort, dass Gott in der Vergangenheit eigentlich ungerecht handelte, als er das Gericht aufschob – denn wenn es nach der Gerechtigkeit ginge, müsste er ja die Welt schon bald nach der ersten Sintflut wieder vernichten. Deshalb muss Gott selbst den Beweis bringen, dass ihn das „Hingehenlassen der Sünde" (Röm 3,25) trotzdem nicht ungerecht macht. Und diesen Beweis bringt er: Er richtet das Böse, indem Jesus das Gericht trägt (Röm 3,25-26). Mit anderen Worten: Gott richtet das Böse immer noch, aber er sieht dazu auf seinen Sohn. Das Gericht ist also nicht *aufgehoben,* sondern *aufgeschoben.* Es ist für den, der das im Glauben annimmt, *auf Jesus geschoben* (Röm 3,26). Das heißt nichts weniger, als dass das Kreuz die Grundlage für den Regenbogen ist! Ohne das Kreuz hätte Gott keinen Friedensbund mit der Welt machen können. Und nur weil Gott das Kreuz schon im Voraus gesehen hat, musste er die Welt nicht noch einmal richten.

Das Buch mit den sieben Siegeln

Doch heißt das, dass Gott nie mehr richten wird? Was ist mit denen, die das auf Jesus geschobene Gericht Gottes nicht für sich in Anspruch nehmen wollen? Was ist mit denen, die nicht dem Lamm, das Johannes in der Offenbarung sieht, die Anbetung dafür bringen wollen, dass es Menschen für Gott erkauft hat? Auch die Antwort auf diese Frage sieht Johannes, und sie ist schon im Lobpreis enthalten, der dem Lamm entgegengebracht wird. Er beginnt nämlich mit den Worten: „Du bist würdig, das Buch zu nehmen und seine Siegel zu öffnen, *denn* du hast für Gott erkauft ..." (Offb 5,9). Dieses Buch mit sieben Siegeln, das nur das Lamm öffnen kann, steht gewissermaßen für die Vollmacht, auf der Erde Gericht auszuüben. Das Lamm ist würdig, dieses Gericht auszuüben, weil gerade durch sein Opfer für jeden Menschen ein Ausweg geschaffen wurde. Und so kommt es nur folgerichtig am Schluss der Offenbarung zu diesem Gericht (Offb 17–19) über alle, die das schon durch den Regenbogen symbolisierte Friedensangebot nicht annehmen. Das Entscheidende aber ist: Das Gericht, das schon vor langer Zeit notwendig gewesen wäre, hat Gott bei Noah aufgeschoben und damit möglich gemacht, dass unzählige Menschen gerettet und für Gott erkauft werden konnten.

Der Kreis schließt sich

Hier schließt sich der Kreis, der mit dem Bogen in 1. Mose 9 begann. Der Kriegsbogen Gottes wird zu einem Zeichen des Friedens für die Welt und zum glanzvollen Zeichen der Herrlichkeit Gottes. So wie damals die Geschichte der Welt und die Entstehung von vielen „Sippen", Sprachen, „Ländern und „Nationen" (1Mo 10,20.32) nach der Flut erst möglich war, weil Gott auf das Opfer Jesu vorausblickte, sind es nun die Menschen, „die für Gott erkauft wurden aus jedem Stamm und jeder Sprache und jedem Volk und jeder Nation" (Offb 5,9), die das Lamm loben. Derjenige, durch den Gott der ganzen Schöpfung schon zur Zeit von Noah Frieden zusagen konnte – und zwar „jedem lebenden Wesen unter allem Fleisch, das auf Erden ist" (1Mo 9,16) –, ist nun das Lamm, welches „jedes Geschöpf, das im Himmel und auf der Erde und unter der Erde und auf dem Meer ist," lobt (Offb 5,13).

Der wahre Held

Es ist faszinierend, wie die Bibel das Bild dieses wahren Helden zeichnet. Während Menschen einen Helden als starken Krieger sehen, der andere abschlachtet, ist der wahre Held der Bibel ein Lamm, das selbst geschlachtet wurde. Er ist der wahre Erlöser, weil er anders ist, als menschliche Helden es sind. Und gerade *weil* Jesus kein typischer Held nach menschlichen Vorstellungen ist, sondern sich selbst als Opfer hingegeben hat, ist er auch der Anbetung würdig und bekommt in der Vision in Offenbarung 5 den Lobpreis und Dank von unzähligen Menschen: „Würdig ist das Lamm, das geschlachtet worden ist, zu empfangen Macht und Reichtum und Weisheit und Stärke und Ehre und Herrlichkeit und Lobpreis“ (Offb 5,12).

Anmerkungen

1 Nur wenig später wird die Verheißung in 1. Mose 9,11 dahingehend präzisiert, dass „nie mehr alles Fleisch ausgerottet werden soll durch das Wasser der Flut“. Das könnte man so verstehen, als ob Gott ohne Wortbruch nach kurzer Zeit die Erde auf andere Weise vernichten könnte – zum Beispiel durch Feuer. Doch die Verheißung in 1. Mose 8,21 setzt klar voraus, dass Gott der Erde zugleich eine so lange Zeit ohne verheerendes Gericht zusagt, dass man von einer Zeit sprechen kann, in der „nicht aufhören Saat und Ernte, Frost und Hitze, Sommer und Winter, Tag und Nacht“. Erst am Ende einer sehr langen Periode, in der Gott die Welt auf diese Weise erhält, wird im Neuen Testament ein Gericht durch Feuer vorausgesagt, das zugleich das Ende der uns bekannten Erde bedeuten wird (2Petr 3,10). Durch die Verheißung Gottes an Noah wird also ein globales Gericht nicht aufgehoben, aber für sehr lange Zeit aufgeschoben.

2 Der Bibelleser erinnert sich bei diesen Worten möglicherweise an Hebräer 6,17: „Deshalb hat sich Gott, da er den Erben der Verheißung die Unwandelbarkeit seines Ratschlusses noch viel deutlicher beweisen wollte, mit einem Eid verbürgt, damit wir durch zwei unveränderliche Dinge, bei denen Gott doch unmöglich lügen kann, einen starken Trost hätten, die wir unsere Zuflucht dazu genommen haben, die vorhandene Hoffnung zu ergreifen.“ Dieser Vers ist auf den Schwur bezogen, mit dem Gott Abraham ebenfalls die vorher bereits gegebene Verheißung zusätzlich bekräftigte. Etwas sehr Ähnliches geschieht schon bei Noah. Diese Ähnlichkeit ist nicht zufällig, denn beide Bünde haben enge strukturelle Parallelen, vgl. P. Gentry; S. Wellum, *Kingdom through Covenant. A Biblical-theological Understanding of the Covenants*, Wheaton, Crossway, 2012, S. 268–269.

3 Siehe für eine gut lesbare Einführung in biblische Bünde H. Pehlke (Hg.), *Zur Umwelt des Alten Testaments*, Holzgerlingen, Hänssler, 2002, S. 76–113.

4 Wer nicht an Zufälle glaubt: Hier ist ein weiterer „Nicht-Zufall“: Die Rede Gottes beginnt – wie *jeder* Bund, den Gott mit den Menschen schließt – mit dem Wort „Ich“.

5 Siehe dazu 1. Mose 17,2-14, wo die Verheißung der Nachkommenschaft, die Gott in einem Bund verbürgt, mit dem Zeichen der Beschneidung verbunden wird. Dementsprechend sieht auch Paulus hinter der Beschneidung eine

symbolische Bekräftigung dieser Zusage (Röm 4,11), die abseits jeder menschlichen Möglichkeit (vgl. Phil 3,3) allein auf Gott vertraut (vgl. Röm 2,29; 4,17-21). Die Beschneidung hat in 1. Mose 17 noch weitere symbolische Nuancen, die aber hier nicht relevant sind, vgl. dazu etwa P. Gentry; S. Wellum, *Kingdom through Covenant. A Biblical-theological Understanding of the covenants*, Wheaton, Crossway, 2012, S. 272–275.

6 Siehe zum Sabbat als Bundeszeichen: B. Lange, *Die Zehn Gebote. Neue Entdeckungen in Gottes Gesetz,* Dillenburg, Christliche Verlagsgesellschaft, 2021, S. 95–99.

7 Es ist nicht notwendig anzunehmen, dass es den Regenbogen erst nach der Flut gab. Der biblische Text verlangt das nicht, ebenso wenig, wie das bei den anderen Bundeszeichen der Fall ist. So gab es etwa den Sabbat schon vor dem Bundesschluss am Sinai (vgl. 2Mo 16,23-30), doch erst durch den Bundesschluss bekam er seine besondere Bedeutung als Bundeszeichen (2Mo 31,16-17). Ein Bundeszeichen bekommt nicht dadurch seine Bedeutung, dass die damit verbundene Gegebenheit vorher nicht existiert hätte, sondern dass sie eine vorher noch nicht existente Symbolik erhält. Das entscheidend Neue in 1. Mose 9 ist also nicht der Regenbogen selbst, sondern seine Bedeutung als Bundeszeichen, die er vorher nicht hatte. Dieser Auslegung sind nicht nur Calvin, sondern auch die meisten neueren Forscher gefolgt, vgl. dazu D. Mangum; M. Custis; W. Widder, *Genesis 1–11*, Bellingham, Lexham Press, 2012, *ad locum.*

8 Dieser Befund ist eindeutig: Von den 76 Belegen im Alten Testament ist außerhalb der dreimaligen Verwendung in 1. Mose 9 und der darauf Bezug nehmenden Passage in Hesekiel 1 (siehe dazu unten) ausnahmslos ein Bogen als Waffe gemeint. Auch die etwa ein Dutzend späteren Belege in den Qumrantexten haben fast ausnahmslos eine militärische Bedeutung: Nur in einem einzigen Fall ist vermutlich eine militärische Formation gemeint, doch auch hier sind der militärische Kontext und die Verbindung zu Waffen eindeutig, siehe dazu etwa J. David Clines (Hg.), *The Dictionary of Classical Hebrew*, Sheffield, Sheffield Academic Press, 1993–2011, VII, S. 339–340.

9 Die meisten neueren Ausleger verstehen das Bundeszeichen als symbolischen Kriegsbogen, der zum Zeichen des Friedens wird, vgl. dazu etwa Fischer, Georg, *Genesis 1–11*, Herders Theologischer Kommentar zum Alten Testament, Herder, Freiburg 2018, S. 503–505.

10 Vgl. dazu V. Hamilton, *The Book of Genesis, Chapters 1–17*, Grand Rapids, Eerdmans Publishing, 1990, S. 317.

11 Man darf sich bei dieser Beschreibung ruhig an Hebräer 1,2 erinnert fühlen. Auch dort ist von dem die Rede, „der Ausstrahlung seiner Herrlichkeit und Abdruck seines Wesens ist". Damit ist niemand anderes als Jesus selbst gemeint.

3. DIE GEHEIMNISVOLLE LÖSUNG

Das schlimmste Vergehen

Es ist die erste Sünde nach dem Sündenfall, es ist auch die erste nach der Sintflut erwähnte Sünde, es ist die erste Sünde, die im alttestamentlichen Gesetz ausführlich thematisiert wird und es ist die schlimmste Sünde, die ein Mensch einem anderen antun kann: *Mord.*

Der Mord an Abel war die erste Sünde von Menschen gegeneinander, von der wir überhaupt in der Bibel erfahren (1Mo 4,8). Der Mord steht stellvertretend für das, wozu ein in Sünde gefallener Mensch fähig ist, nämlich *jede* von Gott und Menschen gesetzte Grenze zu überschreiten. Es ist klar, dass die schlimmste Sünde eines Menschen gegenüber seinem Mitmenschen darin besteht, mit Gewalt dafür zu sorgen, dass es diesen nicht mehr gibt.

Wie schlimm diese Sünde ist, zeigt auch die Tatsache, dass sie direkt nach der Sintflut wieder zur Sprache kommt (1Mo 9,6). Nur dieses *eine* konkrete Vergehen wird hier genannt, als ob darin schon die ganze Problematik menschlicher Sünde enthalten wäre. Und das Erschreckende daran ist: Offenbar rechnet Gott auch nach der Sintflut weiter mit der Sünde in ihrer schlimmsten Auswirkung. Warum gerade das Töten eines Menschen hier genannt wird und so schlimm ist, wird gleich darauf begründet: „Wer Menschenblut vergießt, dessen Blut soll durch Menschen vergossen werden; *denn nach dem Bilde Gottes hat er den Menschen gemacht*" (1Mo 9,6). Wer einen Menschen tötet, der im Bild Gottes gemacht ist – also Gott in gewisser Weise widerspiegelt und repräsentiert –, der vergeht sich gegen Gott selbst. Dementsprechend ist es auch Gott und kein Mensch, der in diesem Fall das Blut des Täters fordert (1Mo 9,5).

Diese Konsequenz ist unerbittlich – wer ein anderes Leben antastet, hat sein eigenes Leben verwirkt. Er kann nicht weiter auf seinem eigenen Recht auf Leben bestehen, sondern ist dem Gericht Gottes verfallen. Es gibt also ein Problem, das nach einer Lösung verlangt: Der Mensch ist böse und tut Böses, und zwar in seiner schlimmsten Form. Gibt es dafür eine Lösung? Gibt es für diese Menschen irgendeine Hoffnung?

Keine Lösung in Sicht

Spätestens als Gott sich schließlich ein Volk erwählt und die Israeliten aus Ägypten herausführt, damit er unter ihnen wohnen kann (2Mo 29,45-46), stellt sich diese Frage. Eine wichtige Antwort darauf gibt das alttestamentliche Gesetz, indem es in den verschiedensten Lebensbereichen verdeutlicht, wie Gott mit Sünde umgeht. Und auch hier kommt das schwerste Vergehen gegen einen Menschen wieder vor, und zwar gleich zu Beginn. Was direkt nach der Flut genannt wurde, kommt auch hier an prominenter Stelle vor. Mit dem Gebot „Du sollst nicht töten“ (2Mo 20,13) wird das Thema des Mordens gleich schon in den Zehn Geboten und dort zu Beginn der Gebote behandelt, die das zwischenmenschliche Leben betreffen.[1] Es ist so wichtig, dass es auch in den nachfolgenden Gesetzen den wichtigsten Platz einnimmt und in allen Schattierungen ausführlich behandelt wird (2Mo 21,12-36).[2] Als schwerstes Vergehen gegen einen anderen Menschen ist es also ein Paradebeispiel, wozu der Mensch fähig ist. Und genau deshalb sind auch die dazugehörigen Gesetze so interessant, weil sie einiges davon zeigen, wie Gott mit Schuld und todeswürdigem Vergehen umgeht. Sie enthalten nicht nur das Problem, sondern auch die Lösung. Die Regelungen im Gesetz zeigen bereits eine geheimnisvolle Lösung für die Sünde des Menschen in ihrer schlimmsten Form, die in erstaunlicher Weise auf den Helden der Bibel hinweisen. Schauen wir also genauer hin.

Nur ein Versehen?

Einen Menschen vorsätzlich zu ermorden ist im Alten Testament ein so ernstes Vergehen, dass darauf die Todesstrafe steht (1Mo 9,6; 2Mo 21,12.14; 4Mo 35,20-21). Wie aber sieht es aus, wenn gar keine Absicht vorliegt? Nehmen wir einmal an, dass ein Israelit „mit seinem Nächsten in den Wald geht, um Holz zu schlagen, und seine Hand holt mit der Axt aus, um das Holz abzuhauen, und das Eisen fährt vom Stiel und trifft seinen Nächsten, dass er stirbt" (5Mo 19,4-5; vgl. ähnlich 4Mo 35,22-23). Es ereignet sich als tragischer Unfall. Natürlich macht es einen Unterschied, ob der Israelit seinen Nächsten absichtlich oder versehentlich erschlagen hat, und tatsächlich wird diese Unterscheidung auch im Gesetz getroffen (2Mo 21,12-14). Man könnte daher annehmen, dass das unabsichtliche Töten eines Menschen in Israel keine großen Konsequenzen hatte. Doch weit gefehlt! Nach dem alttestamentlichen Gesetz wurde sogar jemand, der einen anderen Menschen versehentlich getötet hatte, normalerweise mit dem Tod bestraft. Das erkennt man in 4. Mose 35,27 daran, dass der Täter von den Verwandten des Opfers getötet werden konnte, ohne dass dies selbst ein Vergehen war. Im Gegenteil: Der Verwandte des Opfers wird als „Bluträcher" und damit mit demselben Wort bezeichnet, das an anderen Stellen auch mit „Löser" übersetzt wird. Dahinter steht der Gedanke, dass erst dadurch, dass der „Löser" für einen vollständigen Ausgleich sorgt – ein Leben für ein anderes –, das Problem der unabsichtlichen Sünde „gelöst" ist. So viel ist also klar: Auch unabsichtliches Töten ist in Israel ein so schweres Vergehen, dass es nur durch die Gabe eines anderen Lebens gesühnt werden kann. In dieser Hinsicht unterscheidet sich im Gesetz also Mord nicht prinzipiell von fahrlässiger Tötung. Doch warum war dies so?

Ein Grund dafür, dass sowohl unabsichtliches als auch absichtliches Töten in letzter Konsequenz den Tod des Täters erforderte, bestand darin, dass der Täter in *beiden* Fällen gegen das sechste Gebot verstoßen hatte, das lautet: „Du sollst nicht töten" (2Mo 20,13). Das dabei verwendete hebräische Wort für „töten" meint in erster Linie das absichtliche oder gewaltsame Töten, das man im Deutschen durch das Wort „morden" relativ gut wiedergeben kann. Das dabei verwendete hebräische Wort ist ansonsten selten und kommt nur in einem bestimmten Kapitel besonders häufig vor – und zwar genau in dem Kapitel des Gesetzes, in dem auch das versehentliche Töten behandelt wird (4. Mose 35). Dort bezieht es sich *sowohl* auf Mord *als auch* auf Totschlag. Daher kann man das, was im sechsten Gebot untersagt wird, am besten auf jede illegitime Form des Tötens beziehen.[3] Für Gott ist also auch unbeabsichtigtes Töten nicht legitim, weil es seinen grundsätzlichen Absichten widerspricht. Gott möchte das Leben und nicht den Tod. Und da Gott allein das Recht hat, Leben zu geben und es auch wieder zu nehmen, darf auch nur er über das Leben und den Tod entscheiden. Jeder Mensch, der ohne göttliche Legitimation ein anderes Menschenleben nimmt, greift in den Autoritätsbereich Gottes ein – ganz unabhängig von der Frage, ob das versehentlich oder absichtlich geschah. Beides widerspricht Gottes Gedanken und ist folgenschwer.

In Sünden verfangen

Natürlich kann man sich nun fragen, inwiefern man überhaupt etwas, das man gar nicht mit Absicht tut, verbieten kann. Schließlich kann doch der Mensch, der beim Holzfällen die Axt versehentlich so schwingt, dass sich der Eisenkopf vom Stil löst und einem anderen unglücklich an den Kopf fliegt, nichts für seine Tat, oder? Kann man eine Tat verbieten, die ein Mensch gar nicht beabsichtigt hat? Genau hier berühren wir ein grundsätzliches Prinzip des alttestamentlichen Gesetzes: Das Gesetz stellt an vielen Stellen nicht nur absichtsvolle Handlungen unter Strafe. Im Gegenteil: Schaut man sich etwa die alttestamentlichen Opfer genauer an, so fällt auf, dass die Mehrzahl von ihnen gar nicht für absichtliche Sünden, sondern für *unabsichtliche* Sünden gelten – also für Sünden, die einem Menschen in dem Moment ihrer Ausführung gar nicht bewusst waren oder ihm nicht als Sünde erschienen.[4] Das alttestamentliche Gesetz lässt also den Menschen, der unabsichtlich sündigt, nicht einfach frei gehen, sondern zeigt auf, dass man als Mensch *immer wieder* in Situationen gerät, die man zwar nicht mit böswilliger Absicht plante, denen man sich aber nicht entziehen kann. Die Botschaft dahinter ist eindeutig: Der Mensch ist in Unreinheit und Sünde gefangen – ob er will oder nicht. Das äußert sich einerseits in *absichtlichen* Sünden, die der Mensch willentlich tut, aber auch in *unabsichtlichen* Taten, denen der Mensch sich gar nicht entziehen kann, die aber dennoch gegen Gottes Willen und seine Absichten sind.

Die Lösung für schwere Sünden

Einen Menschen unabsichtlich zu töten ist also das schlimmste Vergehen, das ein Mensch aus Versehen tun kann. Es ist daher das Paradebeispiel einer Sünde, die zwar keine Absicht war, aber dennoch folgenschwer ist. Selbst wer aus Versehen einen Menschen getötet hatte, ist schuldig vor Gott, weil er aus seiner Unvollkommenheit und Fehlerhaftigkeit heraus einem anderen Menschen das Leben genommen hat. Und diese Verantwortung kann er nicht von sich schieben. Würde sie nicht gelten, bräuchten sich Menschen keine große Mühe zu geben, durch versehentliche oder fahrlässige Handlungen das Leben anderer nicht zu gefährden. Gerade deshalb ist diese Sünde der Testfall dafür, wie Gott mit der menschlichen Gefangenheit in Sünde umgeht, und die Frage stellt sich mit aller Dringlichkeit: Wie können Menschen, die sogar für unabsichtliche Sünden Sühnung vollziehen müssen, überhaupt leben? Ist hier nicht auch in den praktischen Aspekten des Alltags besonders viel Gnade notwendig, damit das überhaupt funktionieren kann? Was soll denn ein Mensch tun, der aus Versehen jemanden getötet hat? Kann er je wieder normal leben?

Genau hier stellt Gott mehrere erstaunliche Lösungen bereit, die es sogar sündigen Menschen ermöglichen, weiterzuleben und Gnade zu erfahren. Man findet sie in den Gesetzen, die den Umgang mit fahrlässiger Tötung regeln – also wenn der Fall eintritt, dass jemand aus Versehen einen Menschen erschlagen hat. Diese Bestimmungen sind absolut einzigartig, denn sie zeigen, dass Gott für den Täter in diesem Fall sogar mehrere Möglichkeiten vorgesehen hat. Sie zeigen nicht nur, wie Gott mit Sünde umgeht, sondern weisen bereits voraus auf eine wesentliche und größere Lösung für das Problem der täglichen Gefangenheit in Sünde – und auf denjenigen, der sie ermöglicht hat, nämlich den wahren Helden der Bibel. Welche Lösungen sind es, die Gott bereitstellt?

Lösung #1: Zufluchtsstadt

Das alttestamentliche Gesetz eröffnet für jemanden, der seinen Nächsten aus Versehen getötet hat, eine verblüffende Lösung, damit er trotzdem weiterleben kann. Sie besteht darin, dass der Täter in eine der „Zufluchtsstädte" flieht. Das waren sechs Städte, in die man in einem solchen Fall fliehen konnte, bis der Fall vor Gericht verhandelt wurde. Sie heißen „Zufluchtsstädte" oder „Asylstädte". Eine sehr kurze Formulierung lautet zum Beispiel so:

> *Und die Städte, die ihr den Leviten geben sollt: Sechs Zufluchtsstädte sollen es sein, die ihr ihnen geben sollt, damit dorthin fliehen kann, wer einen Totschlag begangen hat. Und zu diesen hinzu sollt ihr noch 42 Städte geben. Alle die Städte, die ihr den Leviten geben sollt, sie und ihre Weidegebiete, sollen 48 Städte sein. (4Mo 35,6-7)*

Wer also aus Versehen einen Menschen erschlagen hatte, konnte zum Schutz vor der Vergeltung der Verwandten in eine dieser Städte fliehen. Je nachdem, wie lange der Täter selbst gefährdet war, konnte er entweder bis zum Gerichtsprozess oder sogar für längere Zeit in dieser Zufluchtsstadt leben (4Mo 35,12.24-25). Sogar dann, wenn die Verwandten des Erschlagenen auch nach der Gerichtsverhandlung niemals von der Absicht auf Vergeltung absehen sollten und der Täter somit in dauerhafter Todesgefahr leben müsste, konnte er für immer in der Zufluchtsstadt bleiben und war dort sicher.

Die Regelung zu den Zufluchtsstädten ist bei genauem Hinsehen aber erstaunlich, denn sie schützt zunächst einmal denjenigen, der einen anderen erschlagen hatte! Gott sieht also sogar einen Schutz für solche vor, die selbst etwas so Schlimmes wie einen Totschlag verübt hatten, und gibt ihnen eine sichere Zuflucht vor Ungerechtigkeit, vor

Vergeltung und vor dem Tod durch fortdauernde Nachstellung. Das ist umso erstaunlicher, da es hier nicht nur um den Schutz vor Rache geht, die selbst kein Vergehen wäre, denn die Vergeltung durch den Rächer (oder wörtlich „Löser") war nach dem Gesetz ja *legitim* und selbst keine Sünde (4Mo 35,27)! Mit anderen Worten: Durch die Zufluchtsstadt eröffnet Gott dem Täter eine Möglichkeit weiterzuleben, obwohl damit noch keine Sühnung stattgefunden hat und das Problem der Sünde noch gar nicht „gelöst" ist. Das allein zeigt bereits, dass Gott sogar für Menschen, die in Sünde gefangen sind, eine Lösung bereitstellen möchte – und das, obwohl der Täter nicht als unschuldig gilt, schließlich hat er durch seine Unachtsamkeit erst die Situation herbeigeführt.

Es ist klar, dass der Täter so den Konsequenzen seiner Tat einfach entgehen kann, was die Lösung mit den Zufluchtsstädten zunächst ungerecht erscheinen lässt. Auf welcher Grundlage konnte der Täter überhaupt in eine Zufluchtsstadt fliehen? Wie kann Gott diese ungesühnte Schuld übersehen und dem Täter eine Möglichkeit der Zuflucht bieten? Es ist mehr als das nötig, um die Schuld zu sühnen, nämlich die Sühnung durch ein tatsächliches Leben als Sühnemittel. In der Tat ist im Alten Testament dieser Gedanke angedeutet. In Sprüche 21,18 wird ein Gottloser das Lösegeld (oder „Sühnemittel") für einen Gerechten, und in Jesaja 43,3 werden in bildlicher Sprache Menschen fremder Völker zum Lösegeld (oder „Sühnemittel"), mit dem Gott Israel erkauft.[6] Wahre Sühnung kann also nur durch den Tod eines anderen erfolgen, und genau das macht das Gesetz über die Zufluchtsstädte auch deutlich.

Lösung #2: Der besondere Ort

Neben dem Zufluchtsort gab es noch einen weiteren, ganz besonderen Zufluchtsort. Neben den sechs Zufluchtsstädten, die aus den insgesamt 48 levitischen Städten als solche ausgesucht wurden, gab es nämlich noch einen siebten Zufluchtsort, der ebenfalls unter levitischer Aufsicht stand. Die Anzahl der Zufluchtsstädte in Israel hatte System: Von den insgesamt 48 Städten unter levitischer Aufsicht gab es sechs Zufluchtsstädte (4Mo 35,6-7). Rechnet man aber diesen *einen* ganz besonderen Zufluchtsort hinzu, gibt es tatsächlich *sieben* mal *sieben* (also 49) levitische Orte, von denen jeder *siebte,* also genau *sieben,* ein Zufluchtsort ist. Und dieser besondere Zufluchtsort, der das Siebener-System der Zufluchtsorte perfekt macht, war tatsächlich ein sehr besonderer Ort. Es handelte sich dabei nämlich nicht um eine Zufluchts*stadt*, sondern um eine Zufluchts*statt*! Sie ist genau genommen keine wirkliche *Stadt,* aber eben ein Ort und damit eine *Stätte* der Zuflucht und wird auch so bezeichnet. Schon bei der ersten Erwähnung von Totschlag im Gesetz ist von einem „Ort" die Rede, wohin jemand fliehen konnte, der aus Versehen einen anderen Menschen getötet hatte:

> *Wer einen Menschen so schlägt, dass er stirbt, muss getötet werden. Hat er ihm aber nicht nachgestellt, sondern Gott hat es seiner Hand widerfahren lassen, dann werde ich dir einen Ort bestimmen, wohin er fliehen soll. Doch wenn jemand an seinem Nächsten vermessen handelt, indem er ihn hinterlistig umbringt – von meinem Altar sollst du ihn wegnehmen, damit er stirbt. (2Mo 21,12-14)*

Welcher Ort ist hier gemeint? Aus zwei Gründen liegt es nahe, dass damit eine Stätte gemeint ist, an der Gott in besonderer Weise gegenwärtig ist. Zum einen ist der Begriff „Ort" wenige Verse vorher im Gesetz als Bezeichnung für eine solche Stätte verwendet worden, an dem anbetend an Gottes „Namen gedacht" wird und an dem Gott selbst „kommen und segnen" wird (2Mo 20,24). Zum anderen legt die Gegenüberstellung von versehentlicher und absichtlicher Tötung einen solchen speziellen Ort in der Gegenwart Gottes nahe. Denn die Tatsache, dass im Falle von fahrlässiger Tötung ein „Ort" bereitsteht, zu dem der Täter fliehen kann, während man im Falle von Mord den Täter „vom Altar wegnehmen" soll, zeigt, dass in beiden Fällen der Altar als spezieller Ort der Gegenwart und Gemeinschaft Gottes gemeint ist.[7] Praktisch ist also in Israel der Altar der Ort, an dem Gott gegenwärtig ist und segnet; doch die bewusst allgemeinere Rede von einem „Ort" (anstelle von „Altar") zeigt, dass der spezielle Zufluchtsort auch die ganze Stadt, wo sich der Altar befand – was später Jerusalem war – bezeichnen kann (z. B. 5Mo 12,11-14; 14,23-25).[8] Weil dieser spezielle Ort so wichtig ist, fand die alttestamentliche Bezeichnung Eingang in die Alltagssprache. Tatsächlich werden noch zur Zeit Jesu ganz Jerusalem und speziell der Tempel in der Bibel mit der merkwürdigen Benennung „der Ort" bezeichnet, weil Gott eben dort besonders anwesend ist.[9] Israel hat also sehr genau verstanden, dass hier ein besonderer Ort gemeint ist und warum er so wichtig ist: Es gibt in Israel einen bestimmten Ort der Gegenwart Gottes, an dem Gott erscheint und zu dem man fliehen kann.

Doch es gibt noch einen weiteren Grund, weshalb in 2. Mose 21,13 scheinbar so kryptisch von einem „Ort" die Rede ist: Man kann diesen Ort nämlich sowohl als den speziellen Ort in der Gegenwart Gottes als auch als allgemeinen Hinweis auf die später im Gesetz genannten Zufluchtsstädte sehen. Das aber heißt nichts anderes, als dass der spezielle „Ort" in der Gegenwart Gottes nicht nur die letzte und größte Zufluchtsstätte ist, sondern in gewissem Sinne sogar die erste. Sie ist gewissermaßen das Muster, das erst anschließend auf die Zufluchtsstädte übertragen wurde, weil diese in Israel in Wirklichkeit nur eine einfachere Möglichkeit darstellten, wenn man den eigentlichen Zufluchtsort nicht erreichen konnte. Neben dieser eigentlichen und wichtigsten Stätte der Zuflucht sind die anderen sechs Zufluchtsorte daher nur ein Abbild des Heiligtums, und zwar über das Land verteilt. Deshalb wird dieser Ort auch gleich zu Beginn des Gesetzes genannt (2Mo 21,12-14), während die Zufluchtsstädte erst viel später erwähnt werden (4Mo 35,9-34; 5Mo 19,1-13) – sozusagen als Ersatz aus praktischen Gründen für alle, für die der Weg zum Heiligtum „zu lang ist" (5Mo 19,6). Damit ist ein Täter auch dann, wenn er nicht ins Heiligtum, sondern in eine näher gelegene Zufluchtsstadt geflohen ist, eigentlich ebenfalls in die Gegenwart Gottes geflüchtet und dort sicher. Die Gegenwart Gottes ist also ein Platz für Sünder, die sich lebenslang in Gottes Arme geworfen und ihm ihr todgeweihtes Leben übereignet haben.[10] Das ist eine geradezu verblüffende Offenbarung der Gnade Gottes.

Beispiele dieser Flucht in die Gegenwart Gottes sieht man in mehreren Fällen im Alten Testament. So ging Adonija aus Furcht vor der Todesstrafe zum Altar „und ergriff die Hörner des Altars" (1Kö 1,50). Auch Joab „floh ins Zelt des HERRN und ergriff die Hörner des Altars" (1Kö 2,28), um der Todesstrafe zu entgehen. Diese Begebenheiten sind aus mehreren Gründen interessant:

Erstens wird deutlich, dass der besondere Zufluchtsort in der Gegenwart Gottes auch Jahrhunderte nach der Gabe des Gesetzes in Israel als solcher bekannt war. Zweitens zeigen die Begebenheiten, dass tatsächlich ein besonderer Ort der Gegenwart Gottes gemeint ist, der aber nicht in der Stiftshütte oder am Ort des späteren Tempels sein musste. Es konnte ein besonderer Ort in der Nähe Jerusalems sein, der weder mit dem Ort des Tempels noch mit dem der Stiftshütte identisch war, denn der Altar war im Falle von Joab und Adonija nicht der Altar der Stiftshütte.[11] Und drittens garantierte die Zuflucht zum Altar nicht, dass man der Strafe entging, denn während Adonija begnadigt wurde (1Kö 1,53), wurde Joab hingerichtet (1Kö 2,34). Der Grund dafür scheint auf der Hand zu liegen: Während das Vergehen von Adonia darin bestand, sich eigenmächtig zum König gemacht zu haben, hatte Joab tatsächlich eine Mordtat verübt. Da auf Mord (im Gegensatz zu Totschlag) zwingend die Todesstrafe stand, fand Joab keine Gnade.

Das Beispiel bei Adonija zeigt also, dass ein Täter in die Gegenwart Gottes flüchten und so auf eine Lösung hoffen konnte. Gott selbst ist der beste Zufluchtsort für alle, die seinen Schutz und seine Gerechtigkeit brauchen. Doch es geht noch besser.

Lösung #3: Der Tod des Hohen Priesters

Die bisher genannten Lösungen machen sehr deutlich, dass auch eine fahrlässige Tötung gesühnt werden muss. Vordergründig scheint es daher unmöglich zu sein, dass der Täter lebenslang in der Zufluchtsstadt blieb, weil dadurch das Vergehen ungesühnt blieb und damit das Blut des Getöteten dauerhaft auf dem Land blieb (4Mo 35,33). Doch auch für diesen Fall sieht das alttestamentliche Gesetz eine Lösung vor, und zwar eine verblüffende und einzigartige:

Denn der Totschläger soll in (den Grenzen) seiner Zufluchtsstadt bleiben bis zum Tod des Hohen Priesters; und nach dem Tod des Hohen Priesters darf der Totschläger in das Land seines Eigentums zurückkehren. (4Mo 35,28)

Der Täter ist zunächst innerhalb der Grenzen der Zufluchtsstadt sicher, doch sofern er den Tod des amtierenden Hohen Priesters erlebt, ist er ab diesem Moment frei.

Was verbirgt sich dahinter? Was zunächst willkürlich wirkt, folgt einer strengen Logik. Der Hohe Priester war in Israel der Stellvertreter des Volkes, der die Sünden des Volkes sühnte. Was an ihm als Mittler und Stellvertreter geschah, kam dem Volk zugute. Wenn nun der Hohe Priester starb, war damit auch der Täter gestorben und seine Schuld gesühnt. Er durfte frei ausgehen, und die Strafe durfte nicht mehr durch die Angehörigen des Erschlagenen gesühnt werden – sie *war* ja bereits durch den Tod des Hohen Priesters gesühnt. Der Täter ging aus der Stadt, sah sich prüfend um und stellte ziemlich schnell fest, dass für ihn ein neues Leben begonnen hatte. Gerechtfertigt, frei und ohne eigene Verdienste zu neuem Leben befähigt, konnte er die Zufluchtsstadt verlassen. Er ging frei aus, als im rechtlichen Sinne lebendig Gestorbener, und durfte ein neues Leben führen, während sein altes Leben mit dem des Hohen Priesters beendet war. Bei genauerer Überlegung ist diese Lösung ziemlich verblüffend. Offenbar hatte der Tod des Hohen Priesters eine enorme Reichweite. Wenn zum Zeitpunkt seines Todes 100 Täter in Zufluchtsstädten festsaßen, so wurden durch den *einen* Tod des Hohen Priesters 100 Sünder gerechtfertigt! Das kann man beliebig fortführen – auch dann, wenn *ganz Israel* in Zufluchtsstädten festsäße, würde der *eine* Tod des Hohen Priesters für alle Sühnung bewirken. Geradezu spektakulär ist, dass auch das noch nicht die Obergrenze für die Begnadigung war, denn diese galt nach dem alttestamentlichen Gesetz sogar für Heiden, die in Israel lebten. Selbst wenn die ganze Welt in Zufluchtsstädten säße, würde der *eine* Tod des Hohen Priesters für sie Sühnung bewirken!

Wie gewaltig ist die Wirkung dieses Todes, wenn so viele Täter neues (irdisches) Leben bekommen!? Wie gewaltig ist die Auswirkung vom Tod *dieses einen Menschen,* des Hohen Priesters, sodass überall im Land plötzlich Sünder in den Zufluchtsstätten eine zweite Möglichkeit des Lebens bekommen!?

Manch ein Israelit war vielleicht geneigt, den Hohen Priester als wahren Helden zu betrachten, wenn sein Tod eine so große Sühnung bewirken konnte. Doch schon damals war den Israeliten klar, dass es nicht der *Mensch* ist, der als Hoher Priester etwas Besonderes bewirken konnte, sondern dass es die *Rolle* des Hohen Priesters war, die besonders war. Die Frage war also nicht: Wie kann ein fehlerhafter Mensch eine so große Sühnung bewirken? Sondern: Wer kann die wundersame Rolle des Hohen Priesters so ausfüllen, dass er zu dieser fast himmlisch anmutenden Rolle passt? Der wahre Held war also nicht der Hohe Priester, der gerade amtierte, sondern ein vollkommener Hoher Priester, der die wahrhaft großartige Rolle auch ausfüllen kann.

Was im alttestamentlichen Kontext Fragen aufwirft, wird klarer, wenn man sieht, wie Gott bereits im Alten Testament auf das Kommen des wahren Hohen Priesters Jesus hinwies. Denn der Tod des Hohen Priesters war eine Gnadengabe, durch die *so viel Sühnung kam,* wie benötigt wurde. „In ihr ist die Gnade Gottes und die Gabe in der Gnade des einen Menschen, des Gesalbten, gegen die vielen überreich geworden. Es ist also mit dieser Gnadengabe nicht so, wie es durch den einen Täter kam, der sündigte. Denn das Urteil führte von einem Täter zur Verdammnis, die Gnadengabe aber von vielen Übertretungen zur Gerechtigkeit!“[12]

Das ist eine so verblüffende Lösung für einen Täter, dass der Tod des Hohen Priesters fast ein Glücksfall war. Doch es geht noch besser.

Lösung #4: Ein anderer Stellvertreter

In bestimmten Fällen konnte die durch einen Totschlag geschehene Verfehlung gesühnt werden, ohne dass der Täter selbst ein Sühnegeld zahlen musste. Beispielsweise konnte sogar ein Tier die Rolle der stellvertretenden Sühnung übernehmen, allerdings nur in dem besonderen Fall, in dem der Verursacher eines Totschlags unbekannt war. In diesem Fall konnte der Tod einer Kuh stellvertretend die Blutschuld tragen (5Mo 21,1-9).

Wie stark die Stellvertretung sein konnte, wird daraus ersichtlich, dass nicht nur fahrlässige Tötung, sondern sogar das Töten eines Menschen in voller Absicht - also Mord - auf diese Weise gesühnt werden konnte. Dabei bestand die Lösung darin, dass die Sühnung nicht am Leben des Mörders, sondern an einem *anderen Leben* zu einer *anderen Zeit* vollzogen wurde. Diese Lösung war alles andere als alltäglich, aber an einer Stelle erfahren wir von einem solchen bemerkenswerten Fall. Dabei war König Saul der Mörder, weil er Gibeoniter ermordete und so Blutschuld auf sich lud (2Sam 21,1-9). Das Problem bestand aber darin, dass ihnen die Schuld erst viel später von Gott bewusst gemacht wurde, als Saul selbst schon tot war. Auch in dieser Situation waren „Silber und Gold" keine Lösung (2Sam 21,4) - schließlich handelte es sich um Mord. Die „Sühne" (2Sam 21,3) bestand schließlich darin, dass die Strafe stellvertretend an der symbolischen Zahl von sieben der Nachkommen Sauls vollstreckt wurde (2Sam 21,6). Daran ist nicht nur bemerkenswert, dass dadurch die Schuld gesühnt wurde, ohne dass der eigentliche Täter (nämlich Saul) dafür aufkam. Es ist auch deshalb bemerkenswert, weil die Begebenheit zeigt, dass schon im Alten Testament unter besonderen Umständen eine Sühnung *durch eine andere Person* zu einer *anderen Zeit* vollzogen werden konnte. Und es ist schließlich auch deshalb bemerkenswert, weil es innerhalb der Geschichte ein weiteres Mal zu einer Auslösung kam: Eigentlich wäre Mefi-Boschet als Nachkomme Sauls ebenfalls einer von denjenigen gewesen, die ihr Leben als Sühne hätten geben müssen, doch weil sich David durch einen Schwur gebunden hatte, wurde sein Leben als stellvertretende Sühne wiederum durch ein anderes Leben ausgelöst (2Sam 21,7-8).

Trotz der großen Tragik in dieser Geschichte weckt diese Hoffnung. Könnte nicht auf ähnliche Weise sogar ein Mörder der Strafe dadurch entgehen, dass ein anderer - vielleicht nicht einmal zu seiner Lebzeit – für ihn stirbt? Darin besteht sogar für Mörder eine Hoffnung. Doch es geht noch einmal besser.

Lösung #5: Gott spricht frei

Die Beispiele von Adonija und Joab zeigen, dass die Entscheidung über Tod und Leben bei jemandem, der sich zum Altar flüchtet, recht knifflig sein kann und genaue Überlegungen und Nachforschungen erfordert. Was macht man dann aber in *wirklich* schwierigen Fällen, in denen man zum Beispiel überhaupt nicht sagen kann, ob ein todeswürdiges Vergehen vorliegt oder nicht? Was ist zum Beispiel, wenn ein Mann in eine Zufluchtsstadt geflohen ist und beim besten Willen nicht festgestellt werden kann, ob es sich wirklich um ein Versehen oder um Absicht (und damit Mord) handelt? Der Fall ist schwerwiegender, als man denkt, denn das Land ist im Fall einer Fehlentscheidung in beiden Fällen von Blut belastet (4Mo 35,33). Wenn ein Mörder nicht zur Rechenschaft gezogen wird, ist das Blut auf dem Land. Das gilt allerdings genauso, wenn jemandem, der nur aus Versehen einen Menschen getötet hat, Absicht unterstellt wird und er wegen Mordes zum Tod verurteilt wird.

In einem solchen Fall würde sich kein Richter trauen, ein eindeutiges Urteil zu fällen, und daher sieht das alttestamentliche Gesetz dafür eine Sonderregelung vor: Besonders schwierige Rechtsfälle sollten vor Gott gebracht werden, um von ihm das Urteil zu hören (2Mo 18,19; 22,8.10; 5Mo 17,8-12; 19,17). Wie das im Einzelnen aussah, kann man nur vermuten. Auf jeden Fall war dazu der Weg zum Heiligtum Gottes notwendig, und durch den Mund der dort anwesenden Priester und Leviten offenbarte Gott schließlich das Urteil (5Mo 17,8-12).[13]

Nun kann man diese Art der Lösung aber auch mit der oben genannten Flucht in die Gegenwart Gottes verbinden. Natürlich konnte sich ein Täter in die Gegenwart Gottes flüchten und sich dort direkt Gott anbefehlen (vgl. 2Sam 24,14). Sich so Gott anzuvertrauen war eigentliche die Probe aufs Exempel für echte Buße und dafür, zu prüfen, ob die Sache wirklich Gott übergeben wurde. Denn eigentlich ist klar: Wenn Gott souverän und die Gerechtigkeit in Person ist, dann muss man ihm auch in dem Fall vertrauen, wenn sein Handeln scheinbar gegen menschliche Gerechtigkeit spricht. Diese Lösung (Lösung #5) ist also tatsächlich noch tiefsinniger, als man vermuten könnte. Sie enthält nämlich auch die Möglichkeit, dass Gott einen Täter *begnadigt*. Wenn Gott selbst das tat, war die Tat dennoch gesühnt, auch wenn für Menschen vielleicht unklar blieb, auf welcher Basis das geschah.

Dieser Fall ist äußerst bemerkenswert: Indem der Angeklagte den Rechtsfall vor Gott legte, gab er gleichzeitig auch jegliche eigene Forderung nach Gerechtigkeit auf und unterstellte sich völlig Gottes souveränem und gerechtem Urteil. Um zu verstehen, was das beinhaltet, muss man sich nur einmal die folgende Frage stellen: Was war, wenn Gott einen Täter freisprach, ohne ihm auch nur *irgendeine* Strafe zu geben? War er dann gerechtfertigt oder schuldig? Natürlich war er gerechtfertigt – auch wenn unklar blieb, *wie* Gott in diesem Fall diese Rechtfertigung aussprechen konnte. Aber das Wunder bleibt: In diesem Fall würde der Täter tatsächlich straffrei ausgehen und gerechtfertigt sein und noch nicht einmal ein Sühnegeld bezahlen!

Es ist offensichtlich, dass man in diesem Fall die bisher beste der genannten Lösungen erhält: Wer wird gegen einen so Ausgewählten Anklage erheben? Gott ist es, der rechtfertigt! Wer ist es, der da noch verdammt? Der Gesalbte (Priester) – der Messias oder Christus – ist es, der gerecht macht![14] Diese außergewöhnliche Lösung weist bereits auf das Neue Testament und den wahren Hohen Priester voraus. Und es gibt noch mehr zum Staunen: Diese Möglichkeit ist außerdem deshalb faszinierend, weil in dem Moment, in dem Gott das Urteil spricht, er gleichzeitig selbst die Verantwortung des Ausgleichs auf sich nimmt. Er selbst übernimmt in diesem Moment die Rolle des „Bluträchers", die vorher die Verwandten des Getöteten innehatten (4Mo 35,21), die aber identisch mit der Rolle des „Lösers" ist. Hinter beidem steht im Hebräischen nicht nur dasselbe Wort, sondern auch dasselbe Konzept, weil „lösen" in diesem Kontext nichts anderes meint, als den ursprünglich heilen Zustand wiederherzustellen durch die Bezahlung von allem, was dafür notwendig war. Mit anderen Worten: Gott selbst wird hier zum Rächer – oder anders formuliert: zum Löser. Gott selbst ist in diesem Fall Löser, Rächer, Richter und zudem derjenige, der weiß, auf welche Art die Sühnung geschieht.[15]

Das ist faszinierend, aber es geht noch besser. Denn diese Lösung war sogar für Mörder möglich, für die es doch nach dem Gesetz eigentlich gar keine Sühnung geben konnte. Niemand in Israel hatte die Vollmacht, sich über Gottes Gesetz hinwegzusetzen, und allein deshalb schon konnte auch kein Mensch einen Mörder begnadigen, weil Gott für ein so ernstes Vergehen die Todesstrafe vorgesehen hatte. Die einzige Hoffnung eines Mörders auf Begnadigung bestand darin, dass *Gott selbst* ihn begnadigte. Er konnte sich also in die Gegenwart Gottes flüchten und seine Sache Gott selbst vorlegen. Doch war das realistisch? Was war nun, wenn es sich wirklich um Mord handelte und Gott für Gerechtigkeit sorgte, indem er den Mörder mit dem Tod bestrafte? Insofern war es doch eigentlich gefährlich, sich im Falle von Mord direkt an Gott zu wenden, oder?

Nicht unbedingt. Es scheint sogar das Gegenteil der Fall zu sein: Sogar (oder *erst recht*) im Falle von Mord war es das Allerbeste, sich direkt an Gott zu wenden. Das setzte natürlich voraus, dass der Mörder Einsicht zeigte und seine Tat bereute. Und in diesem Fall besteht eine wirklich atemberaubende Wahrheit der Bibel darin, dass sogar ein Mörder bei Gott auf Vergebung hoffen konnte. Und diese fast unglaubliche Behauptung ist auch nur deshalb möglich, weil es einen prominenten Fall in der Bibel gibt, in dem genau das geschah, nämlich bei König David. Er hatte Uria, den Hetiter, umbringen lassen (was in Gottes Augen nichts anderes ist als direkter Mord) und wurde dennoch nicht als Mörder hingerichtet (2Sam 12,9-13)! David wandte sich direkt an Gott, was in Psalm 51 anschaulich bezeugt ist: „Rette mich von Blutschuld, Gott, du Gott meines Heils" (Ps 51,16; vgl. auch Ps 32,5-6). Und das Unglaubliche geschah – Gott forderte nicht das Leben Davids. Hier lag jedoch weder ein Automatismus noch eine irgendwie geartete Manipulation Gottes vor, sondern nichts weniger als eine freie, souveräne und seltene Handlung, in der Gott aus freier Gnade auf die Vollstreckung des Todesurteils verzichtete. Kein Wunder, dass David deshalb sagen konnte: „Glücklich der, dem Übertretung vergeben, dem Sünde zugedeckt ist" (Ps 32,1; zitiert in Röm 4,7).

An dieser Stelle könnte man natürlich fragen, ob Gott gnädiger sein darf als sein Gesetz. Aber die Antwort ist offensichtlich: Ja, das darf Gott zweifelsfrei! Gnade kann nicht eingefordert werden – aber sie kann auch nicht angezweifelt werden. Sonst wäre sie nicht mehr Gnade. Doch ist solch ein Handeln denn auch gerecht? Muss Gott nicht nachweisen, dass er gerade in seiner Gnade dennoch der Gerechtigkeit Genüge tut?

Einen Hinweis auf eine Antwort findet man sogar schon bei Davids wundersamer Begnadigung. Als Gott ihm die Vergebung zuspricht, kommt ein bemerkenswerter Satz hinzu: „So hat auch der HERR deine Sünde hinweggetan, du wirst nicht sterben. Nur weil du den Feinden des HERRN durch diese Sache Anlass zur Lästerung gegeben hast, muss auch der Sohn, der dir geboren ist, sterben" (2Sam 12,14). Mit anderen Worten: Weil Gott öffentlich demonstrieren will, dass das so vergebene Vergehen tatsächlich Unrecht war und er nicht einfach darüber hinwegsieht, muss ein anderer sterben – der Sohn Davids. Die darin enthaltene Wahrheit ist fundamental: Der Sohn Davids muss sterben, damit sogar ein Mörder leben kann.[16] Das neugeborene Kind war tatsächlich der Sohn Davids und wird gerade darin zum Vorbild auf einen anderen Stellvertreter, der zu einer anderen Zeit dafür einsteht. Für den Sünder ist dies eine ungeahnte und unerwartete Begnadigung. Für den Mörder, der seine Tat bereut, geht es kaum besser – nur noch ein bisschen, dann haben wir die beste Lösung erreicht.

Die vollkommene (Er-)Lösung

Man kann sich tatsächlich nur noch *eine* bessere Möglichkeit vorstellen, die eigentlich die allerbeste Lösung im Kontext der alttestamentlichen Gesetze darstellt, nämlich indem man alle bisherigen Möglichkeiten kombiniert. Zugegeben: Diese Möglichkeit klingt zunächst so hypothetisch, dass sie in der Geschichte Israels vermutlich nie Realität wurde. Aber man wird ja mal träumen dürfen. Also stelle man sich die Traumlösung vor, die wir die „vollkommene (Er-) Lösung" nennen:

Man sucht Zuflucht bei dem von Gott vorgesehenen Ort (Lösung #1), geht aber dazu direkt in seine Gegenwart (Lösung #2). Dort darf man bleiben, weil durch den Tod des Hohen Priesters Sühnung geleistet wird (Lösung #3), wobei dieser nicht notwendig in derselben Zeit leben muss, in der auch die Sünde geschah. Er kann zu einer späteren Zeit als Stellvertreter sterben, und die Wirkung dieses Todes ist so groß, dass nicht nur versehentliche, sondern sogar absichtliche Sünden wie Mord dadurch gesühnt werden (Lösung #4). Dies ist nur möglich, weil Gott selbst den Täter aus souveräner Gnade freispricht (Lösung #5), weil er schon die spätere Sühnung kennt und anrechnet. Und um diese Lösung perfekt zu machen, nehmen wir zusätzlich an, dass dieser spätere Stellvertreter, der Hohe Priester, das Amt, das für Menschen zur alttestamentlichen Zeit immer zu groß war, wirklich ausfüllt und aus einem einfachen Grund für Hunderte, Tausende oder Milliarden von Israeliten und Nichtisraeliten durch seinen Tod sühnt – nämlich weil er selbst Gott ist! *Das* wäre die ultimative Gnade und die ultimative Erlösung eines todgeweihten Sünders.

Ist das zu viel geträumt? Darf man so viel Hoffnung haben? Darf man auf eine so große Gnade hoffen? Ein alttestamentlicher Israelit hätte sich das womöglich nicht zu erhoffen gewagt, denn es scheint, als wäre diese Hoffnung nicht mehr von dieser Welt – und das ist sie in der Tat nicht. Sie ist göttlich. Und sie ist real. Das ist die wahrhaft perfekte Lösung des Problems der menschlichen Sünde, und man kann an dieser Stelle nicht anders, als an das Neue Testament zu denken. Hat nicht Jesus genau das getan? Diese vollkommene (Er-) Lösung ist Wirklichkeit geworden – das ist das größte Wunder – durch den Helden der Bibel: durch Jesus, den Christus, den gesalbten König und Hohen Priester, Gott und Mensch zugleich.

Langsam wird Jesus als Hoher Priester sehr deutlich erkennbar hinter den alttestamentlichen Lösungen für einen Sünder. „Denn wir haben einen solchen Hohen Priester" (Hebr 8,1), der mit seinem eigenen Leben Sühnung erwirkt. Durch ihn haben wir eine „Zuflucht" bekommen (Hebr 6,18).[17] Doch diese besteht nicht in einer Zufluchtsstadt, sondern „wir haben diese als einen sicheren und festen Anker der Seele, der in das Innere des Vorhangs hineinreicht" (Hebr 6,19) – nämlich den Ort der Gegenwart Gottes selbst. „Denn Christus ist gekommen als Hoher Priester" (Hebr 9,11) und ist zu dem besonderen Zufluchtsort in das „größere und vollkommenere Zelt" hingegangen – nicht in den Tempel in Jerusalem, auch nicht in die Stiftshütte, sondern an einen anderen Ort der Gegenwart Gottes – und hat „uns mit seinem eigenen Blut ... eine ewige Erlösung erworben" (Hebr 9,12). Das hat er getan, um „durch den Tod ... alle die zu befreien, die durch Todesfurcht das ganze Leben hindurch der Knechtschaft unterworfen waren" (Hebr 2,15). Er hat damit diejenigen in die Freiheit geführt, die vorher des Todes waren.

Das ist in der Tat die vollkommene und „ewige Erlösung" (Hebr 9,12). Vor dem Hintergrund des Alten Testaments kann man so mit einem neuen Blick über das staunen, was Jesus getan hat – der wahre Hohe Priester und Erlöser.

Freigesprochen

Die Grundlage für diese ewige Erlösung ist der Tod Jesu am Kreuz – in der Tat ein Opfer von ewiger Tragweite. Vor dem Hintergrund der im Alten Testament angelegten Lösungen für einen Sünder, die bereits für sich genommen verblüffend von der Gnade Gottes reden, ist im Tod Jesu der unwahrscheinlich anmutende Weg einer Kombination aller oben genannten Lösungsmöglichkeiten nicht nur real geworden, sondern auch noch übertroffen worden. Erst dadurch wurde es möglich, dass sogar *Mörder*, die nach dem alttestamentlichen Gesetz nicht auf Gnade hoffen konnten, begnadigt werden können. Wie außergewöhnlich der Tod Jesu in seiner Wirksamkeit ist, wird in einer Begebenheit deutlich, die sich bei der Kreuzigung Jesu ereignete. Denn tatsächlich war zu dieser Zeit ein zum Tod verurteilter Schwerverbrecher in Haft, der auf seine Hinrichtung wartete.

Von diesem Mann namens Barabbas erfahren wir nicht viel, aber was wir erfahren, ist äußerst interessant, denn er war ein „Mörder" (Lk 23,19; Apg 3,14) – also ähnlich wie Joab im Alten Testament (1Kö 2,5). Denn er hatte sich an einem Aufstand beteiligt und war damit wohl zusätzlich auch des Hochverrats angeklagt (Lk 23,19) – ähnlich also wie Adonija im Alten Testament (1Kö 1,5-10). Doch während Joab und Adonija zum Altar flüchteten, musste dieser Barabbas nirgendwo im wörtlichen Sinne hinfliehen, denn seine Möglichkeit der Begnadigung war eine *Person* – sie bestand in Jesus. Es ist wohl kaum ein Zufall, dass durch den Tod des wahren Hohen Priesters – Jesus – tatsächlich ein verurteilter Mörder wieder die Freiheit erlangte. Hier ist also Jesus, der am Kreuz stirbt und den Platz des Mörders einnimmt, sodass ein anderer Mensch frei ausgehen kann. Natürlich musste Barabbas dazu weder Buße tun noch in anderer Art an Jesus glauben, denn er behielt damals zunächst einmal nur sein *irdisches Leben.* Aber was damals geschah, veranschaulicht dennoch die ungeheure Wirkung dessen, was Jesus für alle Menschen in Bezug auf das *ewige Leben* getan hat: Auch das schlimmste Vergehen findet eine Sühnung durch den wahren Hohen Priester und (Er-)Löser – Jesus Christus –, und zwar an dem Ort der wahren Zufluchtsstätte, wo Gott selbst Vergebung zuspricht, weil ein Stellvertreter stirbt und so die ewige Erlösung bewirkt. Denn der Ort, an dem die Grundlage für die Erlösung jedes Mörders gelegt wird, ist dort, wo das Kreuz steht.

Wie im Alten Testament die Stätte der Begnadigung einfach als „Ort" bezeichnet wurde, an dem Gott in besonderer Weise gegenwärtig ist und segnet (2Mo 20,24), gilt nun das Kreuz als solch ein Ort: In Jesus ist hier Gott gegenwärtig, und das Ergebnis ist Segen für alle Menschen. Genau wie mit diesem „Ort" im Alten Testament, der *nicht* das irdische Heiligtum war, sondern sich an einer anderen Stelle Jerusalems befand, ist es nun mit dem Kreuz, das nicht im Tempelvorhof, sondern vor den Toren Jerusalems steht. Und genau wie damals dieser Ort meist ein Altar war, also der Ort, an dem Sühnung geschah, hat nun das Kreuz diesen Platz eingenommen. Ist dieser „Ort" vielleicht auch deshalb so kryptisch im Alten Testament benannt, damit er nicht vorschnell mit einem bestimmten Ort der Geschichte Israels gleichgesetzt werden konnte? Gott hatte schon einen Ort im Blick, an dem er selbst gegenwärtig ist, an den er kommt und segnet – nämlich das Kreuz. Das ist der wahre Altar, zu dem jeder kommen kann, der auf Gnade hofft, weil dort das wahre Opfer stattfand.

Der Evangelist Johannes kennt die Redeweise von diesem „Ort", der im Alten Testament so kryptisch war, sich aber durch die Geschichte hindurch im Sprachgebrauch der Israeliten erhalten hat. Er erzählt davon, welche Angst der Hohe Rat hat, dass die Römer den „Ort" der Gegenwart Gottes wegnehmen, wenn sie Jesus nicht aus dem Weg räumen (Joh 11,48), weil sie sehr genau wissen, was mit diesem Ort gemeint ist.[18] Doch während sie darunter den Tempel verstehen und diesen als Ort der Gegenwart Gottes schützen wollen, indem sie Jesus an die Römer ausliefern, besteht die Ironie der Heilsgeschichte darin, dass sie *gerade dadurch* dafür sorgen, dass der Tempel als Ort der Gegenwart Gottes seine Bedeutung verliert und das Kreuz zum Zentrum des Segens wird. Ob Zufall oder nicht – Johannes, der davon erzählt, ist auch der einzige Evangelist, der in diesem Zusammenhang den so charakteristischen Begriff „Ort" aufgreift. Nach Johannes 19,17 brachten die Römer Jesus an den „Ort (o. Stätte), genannt Schädelstätte, die auf Hebräisch Golgatha heißt, wo sie ihn kreuzigten". Dort geschah die im Alten Testament noch geheimnisvolle Lösung durch den wahren Hohen Priester Jesus, den Helden der Bibel.

Anmerkungen

1 Die Stellung der einzelnen Gebote im Dekalog ist durchaus wichtig. Das sechste Gebot nimmt hier einen besonderen Platz ein, weil es nach der Mittelstellung des jeweils positiv formulierten vierten und fünften Gebotes nun das erste *Verbot* im zwischenmenschlichen Bereich ist. Außerdem kann man es als Mittelpunkt sehen, weil es das Leben selbst schützt und in gewisser Weise die Voraussetzung für andere Gebote ist. Siehe für Einzelheiten B. Lange, *Die Zehn Gebote. Neue Entdeckungen in Gottes Gesetz,* Dillenburg, Christliche Verlagsgesellschaft, 2021, S. 23–25.

2 Die direkt auf die Zehn Gebote folgende Sammlung von Gesetzen in 2. Mose 20,22–23,33, die aufgrund von 2. Mose 24,7 auch als „Bundesbuch" bezeichnet

wird, ist eine Erläuterung und Ausführung der in den Zehn Geboten genannten Prinzipien. Jedes der Zehn Gebote wird in einem eigenen Abschnitt näher erläutert. Es ist aufschlussreich, dass das sechste Gebot darin den größten Textanteil bekommt (2Mo 21,12-36).

3 In meinem Buch über die Zehn Gebote habe ich das ausführlicher erklärt: B. Lange, *Die Zehn Gebote. Neue Entdeckungen in Gottes Gesetz*, Dillenburg, Christliche Verlagsgesellschaft, 2021, S. 120–126.

4 So etwa das Sündopfer, das nur dann gilt, „wenn jemand aus Versehen sündigt" (3Mo 4,2), oder das Schuldopfer, das nur dann möglich ist, „wenn jemand Untreue begeht und aus Versehen an den heiligen Dingen des HERRN sündigt" (3Mo 5,15). Eine solche Sünde „aus Versehen" liegt dann vor, wenn jemandem eine Handlung im Moment der Tat nicht als Sünde bewusst war (vgl. 3Mo 5,1-4 für verschiedene Beispiele). Natürlich stellt sich dann die Frage, wie und ob es überhaupt möglich war, absichtliche Sünden zu sühnen. Im alttestamentlichen Gesetz war dafür nur ein einziges Opfer anwendbar, nämlich das Opfer am großen Versöhnungstag; siehe für die Einzelheiten etwa T. Hieke, *Levitikus, Erster Teilband: 1–15*, Freiburg, Herder 2014, S. 244.

6 Beide Stellen sind in ihrer Interpretation umstritten und alles andere als klar. Wieso muss der Gerechte in Sprüche 21,18 ein Lösegeld geben, wenn er doch gerecht ist? Und ist die Dahingabe des Gottlosen für den Gerechten gerecht? Mehr Sinn würde es ergeben, wenn der Gottlose erst dadurch „gottlos" würde, dass er als Lösegeld fungiert und so einen anderen erst „gerecht" macht. Auch in Jesaja 43,3 ist wegen der bildhaften Sprache nicht ganz klar, welche Situation hier genau im Blick ist. Möglicherweise weisen beide Stellen bewusst über den alltäglichen Kontext hinaus und nehmen eine Art Lösegeld an, das es in keiner realen Situation im Alten Testament tatsächlich gab. Sie fügen sich ein in eine Hoffnung auf ein größeres Sühnemittel, als es im Alten Testament möglich war.

7 Siehe für die hier genannten Einsichten: C. Houtman, *Der Altar als Asylstätte im Alten Testament: Rechtsbestimmung (Ex. 21,12-14) und Praxis (1 Reg. 1-2)*, Revue Biblique 103 (1996), S. 343–366.

8 Dieses Altargesetz beschäftigt sich nämlich damit, wie ein Altar in Israel aussehen konnte, als es noch keinen Tempel gab. Die genaue Regelung hinter dem Altargesetz erfordert etwas biblische Puzzle-Arbeit, aber am Schluss ist das Ergebnis folgendermaßen: Solange es noch keinen Tempel gab, war es unter gewissen Umständen möglich, Gott auf lokalen Altären in den Städten Israels anzubeten. Und das Gesetz in 2. Mose 20,23-26 beschäftigt sich genau mit solchen Fällen. Das heißt also, dass der Altar, der in 2. Mose 21,13 genannt wird, nicht der Altar in der Stiftshütte war, denn dorthin konnte nicht jeder einfach so kommen. Es war jeder Altar, der zur Ehre Gottes genutzt wurde. Eine exzellente Übersicht über den Altar in unterschiedlichen Phasen der Geschichte Israels gibt R. Averbeck, מִזְבֵּחַ, in: W. VanGemeren (Hg.), *New International Dictionary of Old*

Testament Theology & Exegesis, Zondervan Publishing House, Grand Rapids 1997, II, S. 899–908.

9 So etwa in Johannes 11,48 (hier wird in der Elberfelder Bibel mit „Stadt" übersetzt, tatsächlich aber ist hier von dem „Ort" die Rede, womit entweder Jerusalem oder speziell der Tempel gemeint ist). Auch Stephanus spricht vom Tempel wörtlich als von einem „Ort" (Apg 6,13-14).

10 Vgl. dazu etwa die bemerkenswerte und treffende Äußerung des Rabbiners B. Jacob, *Das Buch Exodus*, Stuttgart, Calwer, 1997, S. 648: „[D]ie Zufluchtsstadt ist ein Altar, der kraft seiner religiösen Natur Sühne […] und Versöhnung schafft und den Totschläger schützt. Indem ER, dem alle Seelen gehören, ihn an sich nimmt, verliert die Justiz jeden Anspruch auf ihn. Er hat sich einem Höheren in die Arme geworfen."

11 Als David die Bundeslade nach Jerusalem brachte (2Sam 6,12-17), errichtete er in der Stadt bereits einen Altar für die Opfer, die dort dargebracht wurden (vgl. 2Sam 6,17). Die Regelung für solche Fälle lag in 2. Mose 20,24-26 ja bereits vor. Außerdem stellte David dort ein Zelt für die Bundeslade auf, das nicht mit der Stiftshütte identisch war (denn diese stand ja immer noch auf der Höhe von Gibeon, vgl. 2Chr 1,3), sondern speziell für die Bundeslade in Jerusalem errichtet worden war (2Sam 6,17; 1Chr 15,1-3). Damit handelte David keineswegs eigenmächtig, denn Gott selbst bestätigt, dass er nun in diesem Zelt anwesend ist (2Sam 7,2.6). Auch der Altar, zu dem Joab und Adonija flohen, war nicht der Brandopferaltar der Stiftshütte, denn dieser war zu der Zeit noch nicht in Jerusalem (2Chr 1,3-5).

12 Hier habe ich ein Zitat von Römer 5,15-16 versteckt, denn die vielfach sühnende Wirkung des stellvertretenden Opfers des wahren Hohen Priesters Jesus ist genau das, was Paulus an dieser Stelle hervorhebt. Er stellt diese vielfache Wirkung allerdings nicht dem einen Täter, sondern der einen Sünde Adams als erstem Sünder überhaupt gegenüber.

13 Ebenso möglich war, dass der Verdächtige einen Schwur leistete (2Mo 22,10). Er konnte vor Gott schwören, unschuldig zu sein. Wenn dieser Schwur geleistet wurde, geschah etwas sehr Interessantes: Ab nun konnte sich der Ankläger getrost zurücklehnen und brauchte nicht weiter selbst für Gerechtigkeit zu sorgen. Er konnte wissen, dass Gott einen falschen Schwur nicht hinnehmen würde (das wäre ein Verstoß gegen das dritte Gebot in 2Mo 20,7; vgl. auch 3Mo 19,12). Durch den Schwur wurde die Sache also in den Verantwortungsbereich Gottes gestellt. Gott selbst würde in einem solchen Fall dafür sorgen, dass ein Mörder starb und ein Täter am Leben bleiben konnte, aber eine andere Strafe bekam.

14 Wer in dieser Fußnote angekommen ist, hat natürlich erkannt, dass ich hier ein Zitat aus dem Neuen Testament eingeschmuggelt habe. Man darf sich hier an Römer 8,33 erinnert fühlen.

15 Vgl. dazu etwa R. Gane, *Leviticus, Numbers*, Grand Rapids, Zondervan, 2004, S. 798.

16 Man kann an dieser Stelle wohl nicht anders, als an den wahren Sohn Davids zu denken, auf den dieser Sohn Davids in 2. Samuel 12,14 hinweist.

17 In Hebräer 6,18 wird dasselbe Wort verwendet, das in der griechischen Übersetzung des Alten Testaments (Septuaginta) auch in 4. Mose 35,25-26 im Gesetz der Zufluchtsstädte verwendet wird, und zwar in dem Vers, in dem vom Tod des Hohen Priesters die Rede ist. Das ist umso bemerkenswerter, als die verwendete Verbform nicht besonders häufig ist (es standen Synonyme zur Verfügung), aber häufig eine technische Bedeutung für das Asyl bekommt. Die Wortwahl ist wohl nicht zufällig, sondern eine Anspielung auf den alttestamentlichen Kontext der Zufluchtsstädte, vgl. W. Lane, *Hebrews 1–8*, Dallas, Word Incorporated, 1991, S. 153.

18 In Johannes 11,48 wird in der Elberfelder Bibel mit „Stadt" übersetzt, doch wörtlich ist auch hier von dem „Ort" *(topos)* die Rede. Der Hohe Rat verwendet damit die durch das Alte Testament geprägte und typische Ausdrucksweise für den Ort der Gegenwart Gottes.

4. DER GEHEIMNISVOLLE LÖWENBÄNDIGER

Das Gesetz in Israel schattete den Erlöser der Welt bereits vor, doch in der Praxis waren diese Hinweise eher Hoffnungen, die fast zu schön waren, um wahr zu sein. Und durch die Geschichte hindurch ging das Hoffen auf den wahren Schlangenbezwinger, den wahren Erlöser und den wahren Hohen Priester weiter. Doch mit dem Gesetz kam nicht die erhoffte Wende. Als Israel das Land Kanaan Stück für Stück in Besitz nahm, kam es in der Richterzeit schon bald wieder unter die Herrschaft fremder Mächte. Die Hoffnung auf jemanden, der vor diesen Mächten rettete, wurde hier wieder besonders lebendig. Und diese Hoffnung hatte einen Grund: Mit den Richtern gab es endlich Retter, die genau das taten. Einer, der das wie kein anderer durch eine übernatürliche physische Kraft verkörperte, war Simson. Die erste Tat, durch die er von sich reden machte, war kein Sieg über die Philister. Es war ein Sieg über etwas anderes, das nicht weniger von Bedeutung war. Es war der Sieg über ein Tier, das beginnend mit Simson für viele bedeutende Figuren der Geschichte Israels zum Beweis dafür wurde, dass Gott durch sie Rettung schenken wollte: der Kampf mit einem Löwen. Und so wird der Kampf mit dem Löwen zum Vorbild für den wahren Helden der Bibel – den wahren Löwenbändiger. Warum aber gerade der Löwe hier so sinnbildlich wird, ist dabei nicht ohne Weiteres klar. Schauen wir also genauer hin.

Der Retter und der Löwe

Bei jedem Helden ist die erste Tat von besonderer Bedeutung, und das sieht man auch bei bedeutenden Personen in der Bibel. Durch die erste Tat wird eine Art Programm deutlich. Bei Simson ist die erste Tat, von der das Richterbuch erzählt, allerdings merkwürdig. Simson zerreißt einen Löwen:

> *Und Simson ging mit seinem Vater und seiner Mutter nach Timna hinab. Als sie nun an die Weinberge von Timna kamen, siehe, das sprang ein Junglöwe brüllend ihm entgegen. Da kam der Geist des HERRN über ihn. Und er zerriss ihn, wie man ein Böckchen zerreißt; und er hatte gar nichts in seiner Hand. (Ri 14,5-6)*

Was hier geschieht, ist in der Tat beeindruckend. Der Löwe ist wie kein anderes Tier zum Sinnbild einer Gefahr geworden, die für den Menschen bedrohlich und tödlich ist. Ausgestattet mit Krallen und Zähnen hat er eine Art natürliche Bewaffnung, die dem Menschen fehlt. Was soll ein unbewaffneter Mensch schon gegen dieses wilde Tier ausrichten? Während ein Löwe ein dickes Fell und eine dichte Mähne als Schutz vor Krallen und Zähnen hat, ist der Mensch mit seiner dünnen Haut äußerst verletzlich gegen dieses wilde Tier. Schon den Menschen damals war klar, dass der Löwe das wildeste und gefährlichste Tier zu jener Zeit war. „Denn was ist stärker als der Löwe?“ (Ri 14,18), lautet die rhetorische Frage der Philister kurze Zeit später.

Genau solch ein Löwe kommt Simson aus dem Schutz der dichten Weinberge völlig überraschend entgegen.[1] Und noch bevor er angreift, brüllt er und sendet so schon den Schrecken vor sich her. Es ist das erste, aber bei Weitem nicht das letzte Mal, dass der brüllende Löwe in der Bibel Bedeutung bekommt. Das wirklich Beeindruckende an dieser ersten Tat Simsons, zu der ihn der Geist Gottes ausstattet, ist aber nicht der Löwe. Es ist der furchtlose Simson, der unbewaffnet und unerschrocken, allein durch die Kraft Gottes dem Löwen mit bloßen Händen entgegentritt und ihn einfach „zerreißt“. Wie außergewöhnlich das ist, zeigt schon die drastische Sprache: Er erschlägt ihn nicht, er erwürgt ihn nicht, er überwältigt ihn nicht, sondern er *zerreißt* ihn. Pure körperliche Kraft und Überlegenheit kann man kaum deutlicher ausdrücken. Und wie bemerkenswert das ist, wird durch den Nachsatz „und er hatte gar nichts in seiner Hand“ (Ri 14,6) noch einmal ausdrücklich hervorgehoben.

Nun könnte man eine solche Geschichte als unbedeutend abtun – was hat der Kampf mit einem Löwen schon für eine Bedeutung? Ist das nicht alles nur Beiwerk, das für die große Geschichte der Bibel relativ unbedeutend ist? Allein die Tatsache, dass dies in der Bibel als erste Tat Simsons erzählt wird, sollte allerdings aufmerken lassen. Dass gerade dieser Kampf mit dem Löwen das Zeichen eines wahren Glaubenshelden ist, macht viel später der Hebräerbrief in der Auflistung der großen Glaubenstaten der Vergangenheit deutlich: Explizit wird Simson dort in einer Reihe mit anderen wichtigen Personen erwähnt, die „durch Glauben Königreiche bezwangen“ und „der Löwen Rachen verstopften“ und „aus der Schwachheit Kraft gewannen, im Kampf stark wurden“ (Hebr 11,32-33). Auch der Kampf mit einem Löwen ist Ausdruck eines „Helden“, und nicht umsonst spricht man auch heute noch von den Glaubens*helden*.

Weil die erste Heldentat Simsons so bedeutend ist, wird sie zum Sinnbild seines Lebens: Er nimmt den Kampf mit einem übermächtigen Gegner auf, aber nicht mit Waffen, sondern allein durch Gottes Kraft. Der Sieg über den Löwen ist damit nur eine Vorschattung darauf, dass er gegen die Feinde Gottes kämpft und sie besiegt. Schon bei Simson geht es also nicht um den Löwen an sich, sondern um das, was in diesem Kampf deutlich wird und wofür der Löwe steht. Nicht zufällig beginnt daher im Leben Simsons die Auseinandersetzung mit den Philistern an eben dieser Stelle – der Kampf mit dem Löwen wird dafür zum Ausgangspunkt, wie in Richter 14,10-20 deutlich wird.

In Bezug auf das Leben Simsons kann man daher den Kampf mit dem Löwen nicht mehr von dem Kampf mit den Philistern trennen. Der Kampf mit dem Löwen weist ihn schon als starken Retter und Bezwinger der Feinde aus. Und indem Simson ihn bezwingt, weckt er die Hoffnung auf einen wahren Helden, der in den großen Kampf eingreift und die Feinde Gottes bezwingt – und zwar mit ungewöhnlichen Mitteln, die man nicht erwarten würde. Er besiegt den „Starken" und bewirkt, dass daraus schließlich sogar „Süßes" hervorkommt (Ri 14,14). Denn kann einer „in das Haus eines Starken eindringen …, wenn er nicht vorher den Starken bindet?" (Mt 12,29). Denn noch einmal: „Was ist stärker als ein Löwe?" Simson wird so zum Vorbild auf den wahren Helden, der den stärksten nicht menschlichen Gegner – „den Starken" – überwältigt und jene, die in seiner Gewalt sind, befreit. Vielleicht haben die Israeliten zur Zeit des Alten Testaments dabei schon sehnsuchtsvoll an den gedacht, der schon auf den ersten Seiten der Bibel angekündigt war als der, der den größten Feind der Menschen und den Feind Gottes – den Widersacher, auf Hebräisch „Satan" – besiegt. Auch Simson lässt durch das, was er tut, die Hoffnung auf diesen Retter weiter wachsen – und nicht zufällig erringt Simson seinen größten Sieg über die Feinde Israels dadurch, dass er selbst sein Leben opfert (Ri 16,30).

Der Hirte und der Löwe

Es verwundert also nicht, dass der nächste große Held in der Geschichte Israels ebenso als erste Tat seines Lebens einen Löwen besiegt. Als David noch nicht einmal 16 Jahre alt ist und sich noch als Hirte um seine Schafe kümmert, wehrt er einen Löwen und einen Bären ab.

> *Aber Saul sagte zu David: Du kannst nicht zu diesem Philister gehen, um mit ihm zu kämpfen. Denn du bist ein junger Mann, er aber ist ein Kriegsmann von seiner Jugend auf. Da sagte David zu Saul: Dein Knecht weidete die Schafe für seinen Vater. Wenn dann ein Löwe oder ein Bär kam und ein Schaf von der Herde wegtrug, so lief ich ihm nach und schlug auf ihn ein und entriss es seinem Rachen. Erhob er sich gegen mich, so ergriff ich ihn bei seinem Bart, schlug ihn und tötete ihn. So hat dein Knecht den Löwen und den Bären erschlagen. Und diesem unbeschnittenen Philister soll es genauso ergehen wie einem von ihnen, weil er die Schlachtreihen des lebendigen Gottes verhöhnt hat! Und David fuhr fort: Der HERR, der mich aus den Klauen*

des Löwen und aus den Klauen des Bären gerettet hat, der wird mich auch aus der Hand dieses Philisters retten. Und Saul sagte zu David: Geh hin, der HERR sei mit dir! (1Sam 17,33-37)

Das Muster setzt sich fort: Allein durch Gottes Kraft und ohne menschliche Stärke und Waffen besiegt er den Löwen und den Bären und wird dadurch der Retter für die wehrlosen und hilflosen Schafe. Wie bei Simson steht aber auch diese Geschichte im Kontext eines größeren Kampfes, nämlich dem Kampf gegen die Philister. Der Löwe ist wieder nur ein Beispiel dafür, dass Gott auch gegen die scheinbar übermächtigen Feinde helfen kann. Und als der junge David ohne die üblichen Waffen, scheinbar schwach und ohnmächtig, den bis an die Zähne bewaffneten Feind Israels allein durch Gottes Kraft bezwingt und so das ganze Volk vor der Knechtschaft rettet (1Sam 17,47-51) – da wird sie wacher als jemals zuvor, die Hoffnung auf den wahren Helden, der schon auf den ersten Seiten der Bibel angekündigt wird. Von da an vollbringt David durch Gottes Kraft weitere Taten und wird deshalb als „Held" bezeichnet (1Sam 16,18; 2Sam 17,10). Sollte es nicht so sein, dass schließlich jemand kommt, der äußerlich ebenso unscheinbar ist, von anderen nicht einmal ernst genommen, sondern wie David verspottet wird, aber dann den größten Sieg erringt, indem er den größten Feind bezwingt und eine riesige Anzahl von Menschen allein durch *eine* Tat vor der Knechtschaft rettet?

Der Held und der Löwe

Nicht nur David, sondern auch Jonatan wird wegen seiner außergewöhnlichen Taten mit einem Löwen verglichen (2Sam 1,23). Und auch Davids 30 „Helden" (2Sam 23,8) zeichnen sich dadurch aus, dass sie Löwen besiegen können. Bei einem von ihnen heißt es: „Und Benaja, der Sohn Jojadas, war ein tapferer Mann, groß an Taten, aus Kabzeel. Der erschlug die beiden Kriegshelden von Moab. Und er stieg hinab und erschlug den Löwen in der Zisterne an einem Schneetag. Und er war es, der einen ägyptischen Mann erschlug, einen Mann von schrecklichem Aussehen“ (2Sam 23,20-21a). Wegen seiner außergewöhnlichen Taten wurde er sogar mehr als die 30 Helden Davids geehrt (2Sam 23,23). Hier wird ein wahrer Held in Worten beschrieben, die von wirklicher Bewunderung sprechen. Doch was macht der Löwe zwischen dem Sieg über die Helden Moabs und dem Sieg über die Helden Ägyptens? Ganz einfach: Der unvermittelte Schwenk zum Löwen ist nur deshalb passend, weil er so deutlich ausdrückt, wozu Gott diesen Mann gebraucht hat. Der Sieg über den Löwen versinnbildlicht den Sieg über noch viel größere Gegner Israels. Das zeigt schon die Formulierung: Er erschlug „den Löwen“. Der bestimmte Artikel ist hier ungewöhnlich – sollte man nicht erwarten, dass es „einen Löwen“ heißt (ebenso wie er „einen Ägypter“ erschlug)? Der Artikel drückt hier aus, dass es entweder ein sehr bekannter Löwe gewesen sein muss (ebenso wie „*die* beiden Kriegshelden von Moab“), oder aber – und das scheint noch besser zu passen – die Geschichte wurde als so bedeutsam angesehen, dass das wilde Tier hier als „der Löwe“ schlechthin angesehen wurde. Wieder wird klar: Der wahre Held bezwingt „den Löwen“ schlechthin, weil darin sinnbildlich verdeutlicht wird, dass er über alle Feinde Gottes triumphiert. Der Sieg über den Löwen ist das Symbol dafür.

Der wahre Löwenbezwinger

Genau diese Hoffnung wird ausgehend von Simson, David und seinen Helden durch die Jahrhunderte hindurch in Israel wachgehalten. Dann schließlich sagt der Prophet Jesaja voraus, dass nach dem Muster Davids „ein Spross hervorgehen wird aus dem Stumpf Isais … Und auf ihm wird ruhen der Geist des HERRN … Er wird den Gewalttätigen schlagen mit dem Stab seines Mundes und mit dem Hauch seiner Lippen den Gottlosen töten“ (Jes 11,1-2.4). Hier wird ein Held beschrieben, der noch wesentlich größer ist als David, weil er zu seinem Sieg nicht einmal eine Schleuder braucht. Und was wird die Folge sein? „Der Löwe wird Stroh fressen wie das Rind“ (Jes 11,7) – also endgültig gebändigt sein. Hier wird der wahre Löwenbändiger und Bärenbezwinger, der Bestienbezwinger schlechthin verheißen. Denn der Kampf gegen die wilden Tiere ist nur ein Bild dafür, dass er den größten Feind besiegen und der Menschheit wieder Frieden geben wird. Nur eines verwundert: Obwohl der Löwe schließlich gebändigt wird, gibt es keine Andeutung eines Kampfes. Wie kann das sein? Und wer ist dieser Retter, der hier beschrieben wird?

Bei diesem Retter handelt es sich ganz offenbar um mehr als einen normalen Menschen. Derselbe Prophet sagt ebenfalls voraus, dass es niemand anderes als Gott selbst ist, der als Retter für Israel kommen wird (Jes 35,3-4). Wenn das geschieht, wird Gott einen Weg für die Erlösten bahnen. „Kein Löwe wird dort sein, und kein reißendes Tier wird auf ihm hinaufgehen noch dort gefunden werden, sondern die Erlösten werden darauf gehen“ (Jes 35,9). Sie werden als „Befreite des HERRN“ eine „ewige Freude“ haben, dagegen werden „Kummer und Seufzen entfliehen“ (Jes 35,10). Zuletzt wartet man in Israel also nicht mehr auf einen normalen Menschen, der vor einem tatsächlichen Löwen retten kann. Man wartet darauf, dass Gott selbst kommen und alle Widersacher bezwingen wird. Der Löwe wird zunehmend zum Symbol dafür, dass Gott vor den Mächten und Einflüssen rettet, die für Israel einige Nummern zu groß sind.

Dem Löwen ausgeliefert

Doch genau damit wirft das Alte Testament ein großes Problem auf: Dieser wahre König, den David vorschattete, war noch nicht gekommen. Die meiste Zeit ist Israel den Feinden wie einem wilden Löwen ausgeliefert. Die Propheten sprechen sehr häufig von dem Löwen als Bild für Babylon, einem Volk, dem weder Israel noch die anderen Völker Widerstand leisten können (Jer 2,15; 4,7; 49,19; 50,17.44; 51,38). Immer häufiger ist in den Worten Gottes an sein Volk davon die Rede, dass ganz Israel von einem Löwen bezwungen wird, weil das Volk Gott ungehorsam ist (z. B. Jer 2,30). Vor allem Nebukadnezar, der König von Babylon, wird mit dem Löwen verglichen: Er ist wie ein „Löwe, der heraufsteigt aus dem Dickicht“, er ist „der Zerstörer der Nationen“ (Jer 4,7). Von diesem Löwen wird Israel

„zerrissen" (Jer 5,6). So wird Israel sein wie ein „versprengtes Schaf, das von Löwen verscheucht wurde. Zuerst hat der König von Assur es gefressen, und nun zuletzt hat Nebukadnezar, der König von Babel, ihm die Knochen abgenagt" (Jer 50,17). Ein drastisches Bild. Der Löwe wird also zunehmend ein Feind, der nur dann besiegt werden kann, wenn man auf Gott vertraut. Wer sich von Gott abwendet, wird Opfer des Löwen.

Wo bleibt er?

Schließlich erfüllt sich das grausame Schicksal, das Gott angekündigt hat. Israel wird von Nebukadnezar nach Babylon verschleppt. Auf dem Weg in die Stadt kommen sie vermutlich durch die Prozessionsstraße zum Ischtar-Tor, das man heute noch im Pergamonmuseum in Berlin anschauen kann. Darauf wird auch ein Löwe als Symbol der Stärke Babylons dargestellt.

Löwe von der Prozessionsstraße zum Ischtar-Tor

Als Daniel nach Babylon verschleppt wurde, kam er aller Wahrscheinlichkeit nach durch dieses imposante Tor. Der Löwe dürfte ihm aus seiner langen Zeit unter babylonischer Herrschaft nur zu gut bekannt gewesen sein.

Wie müssen sich die Israeliten gefühlt haben, als sie das sahen? Eigentlich wartete man doch auf denjenigen, der den Löwen als Sinnbild für die Macht der Feinde besiegen würde! Doch nun waren sie selbst einer Macht ausgeliefert, die in der Bibel und in der Selbstwahrnehmung der Babylonier mit Löwen verglichen wurde.

Vor diesem Hintergrund ist es nicht verwunderlich, dass einzelne Gerechte, die sich fühlen, als würden sie unter einem Gericht Gottes stehen, dies bildlich durch einen angreifenden Löwen ausdrücken. So sagt der Prophet Jesaja: „Ich schrie um Hilfe bis zum Morgen, aber wie ein Löwe, so zerbrach er alle meine Gebeine. Vom Tag bis zur Nacht wirst du ein Ende mit mir machen!" (Jes 38,13). So fühlten sich auch einzelne Israeliten schon lange Zeit gegenüber den Feinden. Davon sprechen die Hilfe- und Klagerufe angesichts des Löwen als Bild für die Feinde sehr deutlich (Ps 35,17; 57,5; 58,7). Diese Auslieferung wird außerdem in Psalm 22 beschrieben: „Sie haben ihr Maul gegen mich aufgesperrt, wie ein Löwe, reißend und brüllend" (Ps 22,14). Wo blieb also der Bezwinger der Löwen? Wo blieb der wahre König, der Nachfahre aus dem Geschlecht Davids, der den Löwen bändigte? Denn allein von diesem neuen David konnte man erwarten, dass die alten Worte Davids aus Psalm 22 bei ihm in Erfüllung gehen würden: „Rette mich aus dem Rachen des Löwen und von den Hörnern der Büffel! Du hast mich erhört" (Ps 22,22).

Die erneute Verheißung

Die Hoffnung auf denjenigen, der nicht nur vor dem Löwen, sondern auch vor allen anderen Feinden rettet, wird zur Zeit der Gefangenschaft Israels in Babylon von Gott neu geweckt und bestärkt. Zu den Verschleppten gehört auch Daniel, und dieser sieht in einer Vision die Reiche, die über Israel herrschten und herrschen würden. Erstaunlicherweise werden diese Reiche alle durch wilde Tiere symbolisiert

(Dan 7,1-7), und es kann kein Zufall sein, dass Nebukadnezar und Babylon dabei die Rolle des Löwen einnehmen (Dan 7,4).[2] Natürlich wusste Daniel dieses Symbol sofort einzuordnen, denn er kannte viele Stellen in den prophetischen Büchern der Bibel (Jer 4,7; 49,19; 50,17; Kla 4,19), in denen dieses Bild auf Nebukadnezar übertragen wurde.[3] Anschließend kommen noch weitere Tiere, die man von den großen Helden der Vergangenheit kannte – auch ein Bär, dem sich einst David entgegenstellte, ist dabei. Im Bild des Bären sieht Daniel, wie das babylonische Weltreich vom persischen Weltreich abgelöst wird und anschließend noch weitere Reiche folgen (Dan 7,5-7). Die eigentliche Pointe aber kommt am Schluss der Vision, denn hier sieht Daniel ihn – den wahren Retter. Am Schluss tritt ein Mensch auf, der sowohl menschliche als auch göttliche Eigenschaften hat und der den wilden Tieren die Herrschaft wegnimmt:[4]

> *Ich schaute in Visionen der Nacht: Und siehe, mit den Wolken des Himmels kam einer wie der Sohn eines Menschen. Und er kam zu dem Alten an Tagen, und man brachte ihn vor ihn. Und ihm wurde Herrschaft und Ehre und Königtum gegeben, und alle Völker, Nationen und Sprachen dienten ihm. Seine Herrschaft ist eine ewige Herrschaft, die nicht vergeht, und sein Königtum so, dass es nicht zerstört wird. (Dan 7,13-14)*

Die ganze Symbolik der Vision ist auffällig: Die Tiere stehen für wilde und in den Augen der Israeliten ungebändigte und lebensbedrohliche Mächte, denen sie ausgeliefert sind. An Kontrolle ist dabei nicht zu denken. Doch dann kommt ein Mensch, und mit seinem Auftreten verlieren die wilden Tiere an Macht. Er wird der wahre Herrscher, und durch ihn geht die Zeit der lebensbedrohlichen Mächte zu Ende. Doch um wen handelt es sich bei diesem Menschen?

Die Beschreibung ist kurz, aber außergewöhnlich, denn dieser Mensch vereint erstaunlicherweise sowohl göttliche als auch menschliche Eigenschaften – für Israel damals etwas Ungeheuerliches. Zu den göttlichen Attributen gehört, dass dieser Menschensohn auf den Wolken des Himmels kommt, was sonst in der Bibel als ein alleiniges Vorrecht Gottes genannt wird und auch generell im Alten Orient als göttliche Eigenschaft galt. Zudem übernimmt er die Rolle des Herrschers, die im Kontext allein Gott zukommt (vgl. Dan 7,9). Andererseits erscheint er in der Gestalt eines Menschen und wird auch als „Sohn eines Menschen" bezeichnet - was eindeutig sein wahres Menschsein ausdrückt. Die Beschreibung verbindet also göttliche und menschliche Eigenschaften, ähnlich wie in einer Vision, die Hesekiel als Zeitgenosse Daniels kurz vorher hatte und die uns schon im Zusammenhang mit dem Regenbogen begegnet ist (Hes 1,26-28).

Genau diese Gestalt, die Daniel sieht, die sowohl Gott als auch Mensch ist, setzt mit ihrer Herrschaft den wilden Tieren ein Ende. Es gibt also einen Menschen, der gleichzeitig Gott selbst zu sein scheint, in dem die bisherige Hoffnung und die Verheißungen auf den Löwenbändiger Israels zusammengeführt werden. Ohne Waffen wird dem Löwen und den anderen wilden Bestien die Macht genommen, und der Mensch triumphiert über sie. Er - und nicht die Babylonier - ist also der wahre Löwenbezwinger, der wahre Bändiger der Völker! Doch wo er zu finden ist und wie Gott die Löwen besiegt, ist zunächst noch ein Rätsel.

Ist er jetzt da?

Kurz darauf geschieht, was Daniel in der Vision gesehen hat: Die Perser überrennen Babylon und übernehmen die Macht. Tatsächlich kommt mit dem persischen König nun ein Mensch, der Babylon - den Löwen - besiegt. Und tatsächlich zeichnet er von sich selbst ein Bild, in dem er sich als Löwenbezwinger inszeniert. Die persischen Könige haben sich besonders häufig in Posen abbilden lassen, in denen sie einen Löwen besiegen. Natürlich haben sie sich damit auch wirklich als furchtlose und mutige Jäger dargestellt, die es sogar mit einem Löwen aufnehmen. Viel wichtiger war aber schon damals die symbolische Bedeutung: Durch den Kampf mit dem Löwen zeigten sie sich als Beherrscher der ganzen Welt, auch wenn die Welt sich dagegen sträuben sollte.

Der persische König kämpft scheinbar mühelos und souverän gegen einen Löwen, der für eine übernatürliche Macht des Bösen steht. Interessant ist, dass der Löwe sogar Flügel hat.

Es ist wohl kein Zufall, dass die besiegten Löwen häufig sogar Flügel haben – genau, wie Daniel es vorher in der Vision gesehen hatte (Dan 7,4). Die Perser verstanden das Bild des Löwenbezwingers also sehr genau. Durch die Flügel wurde ausgedrückt, dass sie es mit einem Gegner zu tun hatten, der nicht von dieser Welt ist.[5] Es ist schon perfide, dass sich nun ein weiterer heidnischer Herrscher als Löwenbezwinger präsentiert und damit die Israeliten verleitet, ihre Hoffnung als erfüllt anzusehen. Doch ziemlich schnell wird klar, dass die Perser nicht die Retter für Israel sind. Die persischen Könige feiern sich als Löwenbezwinger, andererseits aber lieben sie es, die Macht der wilden Tiere über andere zu demonstrieren. Sie hielten sich nämlich Löwen. Die in einem Loch gehaltenen persischen

Löwen waren sozusagen die Trophäen des persischen Herrschers. Während der persische König so demonstrierte, dass er die Löwen beherrschen konnte, zeigte er seine Macht ebenso darin, dass er andere seinen Löwen zum Fraß vorwarf. Der durch einen wilden Löwen verursachte Tod war ein grausamer Tod. Ein Mensch wird dadurch entwürdigt, indem er den Löwen vorgeworfen, misshandelt, gedemütigt und grausam zu Tode gebracht wird. Die Löwengrube ist also auch hochsymbolisch: Sie steht für die Macht des persischen Königs, aber auch für die Übergabe eines Verbrechers an die Mächte der Bosheit, die der persische König kontrolliert. Den Löwen zu fangen und ihn in eine Grube zu werfen ist interessanterweise bei einem Zeitgenossen Daniels, dem Propheten Hesekiel, ein Bild für die Unterwerfung Israels (symbolisiert im Löwen) durch die Babylonier (Hes 19,1-9). Die Löwen, die der persische König in der Grube hält, stehen also dafür, dass er allein die Löwen bändigen und unterwerfen kann. Der persische König hielt sich auf der Jagd gefangene Löwen, um die Symbolik, die sich häufig auf persischen Königssiegeln findet, bildhaft zu verdeutlichen. Die Löwen sind vor allem auf persischen Darstellungen sehr häufig zu finden und zwar auch in erstaunlicher Nähe zu der Zeit, in der Daniel einem der persischen Löwen begegnet.[6]

Ein weiteres Mal dem Löwen ausgeliefert

Genau in dieser Zeit – kurz nach der Machtübernahme der Perser – ereignet sich eine weitere Geschichte, in der ein Israelit direkt mit dem neuen Herrscher, dem persischen König, in Kontakt kommt. Es ist die Geschichte von Daniel in der Löwengrube (Dan 6,1-29). Die Frage, wer vor den Löwen retten kann und wer der wahre Löwenbezwinger ist, stellt sich mit größter Brisanz, als der schon etwa 80-jährige Daniel[7] nun den Löwen vorgeworfen wird, die damals ein so provokatives Bild für die überlegene Macht Babylons und Persiens sind, denen die Israeliten ausgeliefert sind. Und auch der Israelit Daniel, der Nachfahre aus dem königlichen Geschlecht Davids (Dan 1,3), das selbst zum Herrschen ausersehen war, ist ihnen ausgeliefert.

Daniel wird dem schlimmsten denkbaren Feind, dem wilden, unbeherrschten Trieb des Bösen, vorgeworfen und soll dadurch zu Tode kommen. Kann er dem Schicksal entrinnen, ein Opfer der Löwen zu werden? Wenn man sich die Löwengrube in der Geschichte Daniels etwas genauer ansieht, scheinen die Chancen dafür schlecht zu stehen, und ironischerweise kann nun nicht einmal der persische König Daniel vor den Löwen retten. Denn wie sich zeigt, ist es nicht der persische König, sondern der Israelit Daniel, vor dem durch Gottes Macht die Löwen gebändigt werden. Wer den Löwen kontrolliert, ist also auch in Israel der wahre Held, der wahre David, der wahre König.

Natürlich ist diese Begebenheit äußerst interessant, weil hier einerseits Daniel derjenige ist, dem die Löwen nichts anhaben können, dieses Wunder aber andererseits auf Gottes Macht zurückgeht. Sowohl Daniel als auch sein Gott müssen für den König als Löwenbezwinger gegolten haben. Ebenso wie der persische König als ein Instrument der göttlichen Macht angesehen wurde, ist hier plötzlich ein anderer Mensch, ein Israelit, an diese Stelle getreten. Man könnte sich fragen, ob Daniel damit nicht in irgendeiner Weise als göttlich dargestellt wird. Das ist sicher nicht der Fall, aber in einer anderen Hinsicht enthält dieser Gedanke eine gewisse Bedeutung. Zwar wird Daniel in keiner Weise als göttlich beschrieben, aber er ist so etwas wie eine Vorschattung oder ein vorläufiges Muster des Menschensohns, den Daniel selbst kurz vorher in einer Vision (Dan 7,13-14) gesehen hat und der der wahre Löwenbändiger und Bestienbezwinger ist.[8] Nicht durch den persischen König geschieht die Zusammenführung göttlicher und menschlicher Eigenschaften, sondern durch den „Menschensohn“ aus Daniel 7,13-14. Der Kontrast zum persischen König könnte nicht größer sein: Während der König militärisch mächtig ist, kann man das von dem greisen Daniel nicht sagen. Der König ist ein Mann auf dem Höhepunkt seiner Macht, Daniel hingegen ein alter Mann am Ende seines Lebens. Der persische König hält sich Löwen in einer finsteren Grube, um andere dort gewaltsam hineinwerfen zu können; Daniel dagegen ist dem völlig ausgeliefert – und dennoch können die Löwen ihm nichts anhaben.

Durch diesen Kontrast zwischen dem persischen König, der beansprucht, die Löwen unter seiner Kontrolle zu haben, und dem alten Daniel, der als der wirkliche Löwenbändiger erscheint, soll offenbar etwas mehr von dem Menschensohn offenbart werden, der wirklich alle Bestien dieser Welt besiegen wird. Gott will offenbar mit dem Beispiel Daniels deutlich machen, dass der wahre Löwenbändiger dazu weder Waffen noch körperliche oder politische Macht braucht. Es scheint, als ob der wahre Löwenbändiger zunächst den Löwen und damit dem Tod ausgeliefert wird. Der Sieg über die Löwen wird erst deutlich, als er aus der Grube und dem Grab unversehrt wieder hervorkommt. Der Sieg wird nicht errungen, indem die Bestien in der Luft zerrissen werden, wie es Simson getan hatte, sondern der Sieg geschieht wesentlich stiller, ja, menschlich unscheinbarer. Und dieser Sieg, der in den Augen der Menschen zunächst als Niederlage erscheint, wird erst anschließend in seiner ganzen weltumspannenden Dimension den Völkern verkündigt.

Als er schließlich kommt

Einige Jahrhunderte später tritt schließlich Jesus als Mensch in Israel auf, der sich selbst ganz bewusst als „Menschensohn" bezeichnet. Mit dieser Bezeichnung können seine Zeitgenossen zunächst wenig anfangen (vgl. Joh 12,34). Vermutlich fragten sie sich: Wenn Jesus mit der Selbstbezeichnung als „Menschensohn" wirklich auf die Prophetie aus Daniel 7,13-14 anspielt, warum ist er dann so unscheinbar und regiert nicht auf der politischen Weltbühne, wie es verheißen ist? Und dennoch erfüllt Jesus genau das, was von diesem Menschensohn gesagt wird: Er erscheint zunächst wie ein ganz normaler Mensch, ist aber zugleich Gott.

Wie Simson (vgl. Ri 13,7) ist er von Geburt an abgesondert für Gott (Lk 1,35), und wie Simson wird er durch seinen Tod mehr Menschen zum Segen als durch die Wunder, die er in seinem irdischen Leben getan hat. Und so wie Simson besiegt er den, der als wahrer Feind des Menschen so ist wie ein „brüllender Löwe, der sucht, wen er verschlingen kann" (1Petr 5,8), nämlich den „Starken" (Mt 12,29), Satan selbst.

So wie David kommt er aus dem Geschlecht Isais und ist der wahre König. So wie David besiegt er einen scheinbar unüberwindlichen Feind. Doch während David mit einem Philister kämpft, besiegt Jesus den größten Feind aller Menschen, nicht nur der Israeliten – den Satan, den Widersacher selbst (Joh 12,31; 16,11). Und so wie David rettet er dadurch unzählbar viele Menschen aus Knechtschaft und Gefangenschaft. Doch während David den Löwen mit seiner *Kraft* tötet, besiegt Jesus den Satan „aus Schwachheit" (vgl. 2Kor 13,4), indem er scheinbar von ihm besiegt wird und selbst den Tod erleidet. Am Kreuz zitiert er den Beginn von Palm 22, in dem der Psalmist sich von solchen umringt sieht, die wie Löwen nach seinem Leben trachten (Ps 22,14.22; vgl. Mt 27,46).

So wie Daniel ist Jesus aus dem königlichen Geschlecht Davids und wird bei seinen Verhören und der Kreuzigung von solchen umringt, die seinen Tod wollen. Doch wie Daniel steigt er schließlich aus der „Grube" (dem Grab) als Sieger heraus und zeigt durch seine Auferstehung, dass er sogar den Tod überwunden hat. Und so wie Daniel tut er dies nicht mit Waffen oder politischer Macht, sondern auf eine Art, die nicht menschlichem Denken, sondern Gottes Charakter entspricht.

Der Sieg anderer Art

Jesus ist damit einerseits derjenige, der das vollendet, was durch einige Menschen im AT nur vorgeschattet ist: Er besiegt den größten Feind. Obwohl Jesus damit derjenige ist, der Satan als Löwen besiegt, ist eines auffällig: Das Neue Testament zeigt Jesus zwar als denjenigen, der durch die Glaubenshelden aus dem Alten Testament vorgeschattet wird, sein Sieg über einen Löwen wird dabei aber nur angedeutet. Dagegen steht ein anderes Bild viel stärker im Vordergrund: Er ist gleichzeitig das Lamm. Er besiegt Satan nicht dadurch, dass er ihn militärisch bezwingt, sondern dadurch, dass er sich selbst als Lamm in den Tod gibt. Sein Sieg geschieht dadurch, dass er scheinbar von Satan besiegt wird! Und erst nach diesem Sieg wird er wiederkommen, um auch politisch den Herrschern dieser Welt samt ihren

Reichen – wie Daniel es in der Vision mit den wilden Tieren gesehen hat – die Macht zu nehmen. Am Ende der Zeit wird es offensichtlich werden: Er ist der wahre Bezwinger aller wilden und scheinbar nicht zu bändigenden irdischen und überirdischen Mächte. Er wird sich als der erweisen, von dem die menschlichen Löwenbezwinger nur ein schwaches Abbild waren.

Anmerkungen

1 Wie überraschend das ist, wird im Hebräischen durch das Wort „siehe" ausgedrückt. Um den Effekt im Deutschen nachzuahmen, müsste man etwas reißerisch so übersetzen: „Während Simson an die Weinberge von Timna kam – krass –, da sprang ihn urplötzlich ein brüllender Löwe an!"

2 Diese Vision ist im Buch Daniel zwar *nach* der Geschichte mit Daniel und der Löwengrube platziert, findet aber chronologisch zur Zeit des babylonischen Königs Belsazar (552–539 v. Chr.) und damit früher statt (Dan 7,1). Daniel war die Symbolik des Löwen für Babylon zur Zeit von Daniel 6 also wohl schon bekannt.

3 Daniel grübelt in Daniel 9,2 über den „Bücherrollen/Schriften", in denen von 70 Jahren des Exils die Rede ist. Damit ist die Prophezeiung aus Jeremia 25,11 bzw. 29,10 gemeint. Die Schriften Jeremias waren Daniel also bestens bekannt.

4 Siehe etwa J. Goldingay, *Daniel*, Revised Edition, Grand Rapids, Zondervan Academic, 2019, S. 368.

5 Vgl. zum geflügelten Löwen in Persien M. Garrison; M. Root, *Seals and the Persepolis Fortification Tablets, Volume I: Images of Heroic Encounter,* Chicago, University of Chicago, 2001, S. 189.

6 Dies gilt in Bezug auf den Palast von Darius I, der kurz nach der Zeit von Daniel 6 an die Macht kam. Vgl. zu den Belegen von Löwen in seinem Palast die detaillierten Angaben bei M. Root, *The King and Kingship in Achaemenid Art: Essays on the Creation of an Iconography of Empire,* Textes et Mémoires, IX; Leiden, Brill, 1979, S. 78–86. Die ikonografische Tradition wird er aber kaum *de novo* erfunden haben, sodass man hier eine Tradition annehmen kann. Belege dafür sind, dass sich auch im Palast des Kyrus, also exakt zur Zeit von Daniel 6, Löwenabbildungen nach dem späteren Muster finden, vgl. dazu E. Yamauchi, *Persia and the Bible,* Grand Rapids, Baker Books, 1996, S. 326–328.

7 Wenn Daniel als Teenager im Jahr 605 v. Chr. nach Babylon kam (vgl. Dan 1,1.4), war er bei der Begebenheit in der Löwengrube, die nach Dan 6,1 zur Zeit der persischen Machtübernahme auf etwa 538 v. Chr. anzusiedeln ist, schon über 80 Jahre alt.

8 Die Kapitel in Daniel 6 und Daniel 7 spiegeln nicht die chronologische Reihenfolge wider. Obwohl die Vision in Daniel 7 in der Bibel auf die Geschichte mit der Löwengrube folgt, ist sie chronologisch vorher einzuordnen, wie man an den genannten Königen in Daniel 6,1 und Daniel 7,1 erkennt.

5. DIE GEHEIMNISVOLLE STRIEME

Ein merkwürdiger Text

Der wahre Held der Bibel wird schon auf den ersten Seiten der Bibel als der kommende Retter angekündigt, und in der weiteren Menschheitsgeschichte wird er in immer mehr Details sichtbar. In der Zeit der alttestamentlichen Propheten gibt es immer mehr Hinweise auf den, der der Schlange den Kopf zertritt, mit der Herrlichkeit des Regenbogens geschmückt ist, eine unfassbare Erlösung für die schlimmsten Sünden schafft und die Bestien feindlicher Mächte besiegt. Dabei zeichnet er sich dadurch aus, dass er nicht wie menschliche Helden in arroganter Stärke auftritt, sondern sich selbst in den Tod gibt, damit Sünder leben können. Genau das ist eigentlich der erstaunlichste Aspekt an diesem *Einen,* der kommen soll. Eine Passage in den alttestamentlichen Propheten, die diesen besonderen Aspekt wie keine zweite in aller Deutlichkeit beschreibt, steht in Jesaja 53. Sie zeichnet sich dadurch aus, dass sie weniger in bildhafter Sprache, sondern in direkten Aussagen auf den hinweist, der kommen soll. Und obwohl sie nicht nur eine der deutlichsten, sondern auch eine der bekanntesten Voraussagen des Alten Testaments auf Jesus als leidenden Retter ist, hat sie immer noch viel Potenzial, uns zum Staunen zu bringen. Die Worte sind meist so bekannt, dass man kaum noch darüber nachdenkt – dabei gibt es allen Grund dazu. Mitten in dieser Passage, in der vom leidenden Gottesknecht die Rede ist, verbirgt sich ein Rätsel, das in besonderer Weise auf den Helden der Geschichte hinweist. Schauen wir also genauer hin.

Das Rätsel der Strieme

Die Worte in Jesaja 53 sprechen in eine Zeit, in der das Nordreich Israels ins Exil geführt wird und auch im Südreich von Juda die Gefahr der Wegführung immer realer wird. Nachdem Gott sein Volk bereits vielfach vor den Folgen andauernder Rebellion gewarnt hat, scheinen diese Warnungen nicht mehr zu wirken. Doch auch mit gezielten Maßnahmen wie der Verwüstung des Landes durch Feinde, die das Volk zur Umkehr bewegen soll, sieht es nicht besser aus. Der Prophet Jesaja eröffnet daher seine Botschaft damit, dass Gott das Volk als „sündige Nation, schuldbeladenes Volk, Geschlecht von Übeltätern, Verderben bringende Kinder" bezeichnet (Jes 1,4), mit dem er hart ins Gericht gehen muss. Ausgerechnet bei diesem Propheten ist dann aber später mehrfach von einem „Knecht des HERRN" die Rede – also jemandem, der in besonderer Weise von Gott gebraucht wird. In Jesaja 52,13–53,12 kommt dann eine der deutlichsten Aussagen über ihn. Schaut man nur auf den Beginn der Passage, könnte man mit Recht vermuten, dass hier von einem wahren Helden die Rede ist: „Er wird erhoben und erhöht werden und sehr hoch sein" (Jes 52,13). Doch was dann folgt, passt zu keinem typischen Helden mehr:

> *Jedoch unsere Leiden – er hat sie getragen, und unsere Schmerzen – er hat sie auf sich geladen. Wir aber, wir hielten ihn für bestraft, von Gott geschlagen und niedergebeugt. Doch er war durchbohrt um unserer Vergehen willen, zerschlagen um unserer Sünden willen. Die Strafe lag auf ihm zu unserm Frieden, und durch seine Striemen ist uns Heilung geworden. Wir alle irrten umher wie Schafe, wir wandten uns jeder auf seinen eigenen Weg; aber der HERR ließ ihn treffen unser aller Schuld. – Er wurde misshandelt, aber er beugte sich und machte seinen Mund nicht auf wie das Lamm, das zur Schlachtung geführt wird und wie ein Schaf, das stumm ist vor seinen Scherern; und er machte seinen Mund nicht auf. (Jes 53,4-7)*

Diese Passage ist aus vielerlei Gründen bemerkenswert. Nicht nur deshalb, weil hier das klar und deutlich zum Ausdruck kommt, was vom Anfang der Bibel an angedeutet wurde, nämlich dass tatsächlich jemand als Stellvertreter kommen und als Opferlamm die Sünden der Menschen tragen wird. Nicht nur deshalb, weil hier von jemandem die Rede ist, der zwar hoch erhoben sein wird, der aber zuvor *wie ein Lamm* kommt und trotzdem triumphiert. Nicht nur deshalb, weil hier jemand tatsächlich die Strafe und die Striemen anderer auf sich nimmt. Aus diesen und noch mehr Gründen ist die Passage bemerkenswert. Aber sie ist es auch durch ein weiteres kleines Detail, das man in deutschen Bibeln leicht überliest. Man könnte es als *Geheimnis der Strieme* bezeichnen. Es hat mit einer Formulierung in der Passage zu tun, in welcher der Gottesknecht die Strafe anderer trägt:

> *Doch er war durchbohrt um unserer Vergehen willen, zerschlagen um unserer Sünden willen. Die Strafe lag auf ihm zu unserm Frieden, und durch seine Striemen ist uns Heilung geworden. (Jes 53,5)*

Hier ist prophetisch von Jesus die Rede, der unsere Sünden getragen hat. Er ist der Gottesknecht, um den es in Jesaja 52,13–53,12 geht. So weit, so klar. Doch wo liegt jetzt das Problem?

Die merkwürdige Einzahl

Das Rätsel der Strieme liegt darin, dass in diesem Vers kein Plural (also eine Mehrzahl) steht – wie es fast alle Bibelübersetzungen wiedergeben –, sondern ein Singular (also eine Einzahl). Hier heißt es wörtlich: „Und durch seine **Strieme** (Einzahl) ist uns Heilung geworden." Das ist kein Schreibfehler in der Textüberlieferung. Durch die Schriftrollen von Qumran gibt es eine Möglichkeit, den von den hebräischen Gelehrten (den sogenannten Masoreten) viel später überlieferten Text anhand von Schriften zur Zeit Jesu zu überprüfen. Doch das Problem bleibt – dieselbe Einzahl findet man nämlich auch in der in Qumran gefundenen großen Jesajarolle.

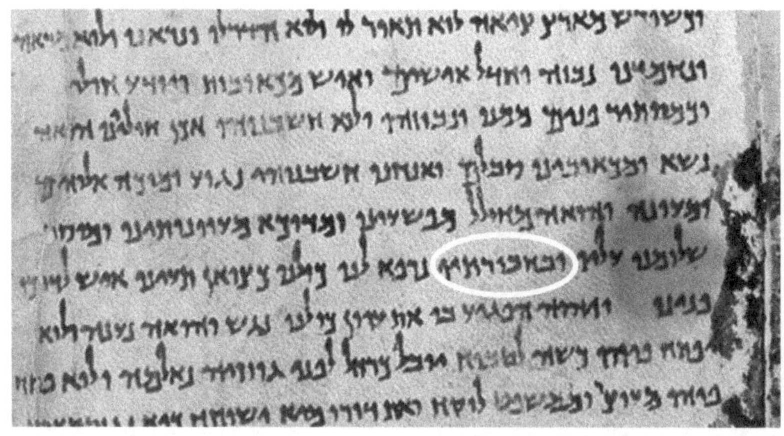

Ausschnitt aus der großen Jesajarolle von Qumran (1QJes^a).
Das umrandete Wort ist das hebräische Wort für „Strieme".

Das ist merkwürdig. Wieso nur eine einzelne Strieme? Diese Prophetie bezieht sich doch offensichtlich auf Jesus – und Jesus wurde im Zuge der Verhöre und Verspottungen vor der Kreuzigung mehrfach geschlagen. Weshalb ist dann in Jesaja 53,4 nur von *einer* Strieme die Rede? Und macht es überhaupt Sinn, nur von einer einzigen Strieme zu sprechen?

Dasselbe auch im Neuen Testament

Schaut man ins Neue Testament, wird die Sachlage noch auffälliger. Nicht nur der hebräische Text des Alten Testaments, sondern auch die im 3. oder 2. Jh. v. Chr. entstandene griechische Übersetzung des Alten Testaments, die sogenannte Septuaginta, hat hier das Wort „Strieme" in der Einzahl. Und genau so wird der Vers dann auch von den neutestamentlichen Autoren verwendet. Petrus beispielsweise zitiert diesen Text so:

> *... der unsere Sünden an seinem Leib selbst an das Holz hinaufgetragen hat, damit wir den Sünden abgestorben, der*

Gerechtigkeit leben; durch dessen Strieme ihr geheilt worden seid. (1Petr 2,24)

Auch hier dasselbe Problem: Obwohl fast alle Bibelübersetzungen den Plural „Strieme**n**“ übersetzen, steht auch hier der Singular „Strieme“. Petrus zitiert also richtig und mutet seinen Lesern einen Text zu, über den man eigentlich stolpern muss. Das allerdings klärt immer noch nicht die eigentliche Frage: Was hat es damit auf sich? Warum trauen sich die Bibelübersetzer nicht, einfach wörtlich zu übersetzen?

Der fehlende Punkt

Und damit noch nicht genug, es gibt noch ein weiteres Problem, das mit der sogenannten Vokalisierung des hebräischen Textes zu tun hat. Der hebräische Text des Alten Testaments wurde ursprünglich nur mit Konsonanten geschrieben und enthielt keine Vokale. Bei solchen Texten kann es hin und wieder vorkommen, dass ein Wort auf zwei oder mehr verschiedene Arten mit Vokalen gelesen werden kann und damit nicht eindeutig ist. Um dieses Problem zu lösen, haben die jüdischen Gelehrten, die den Bibeltext überlieferten (die Masoreten), ab dem 6. Jh. n. Chr. (also auch lange nach Jesus und der Entstehung des Neuen Testaments) kleine Schriftzeichen erfunden und als Vokale unter und über den Text geschrieben. Das Ergebnis kann man hier bewundern – es ist von den kleinen Punkten und Strichen über und unter den Buchstaben die Rede.

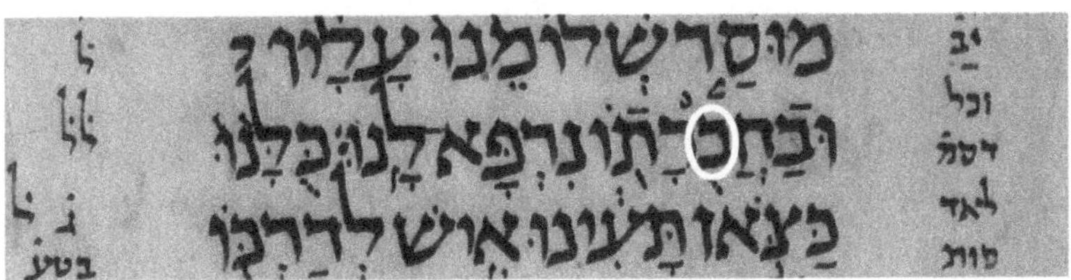

Das absichtlich nicht gesetzte Dagesch in Jesaja 53,5
(hier am Beispiel des Codex Aleppo).

So konnte man den Text besser lesen und die traditionelle Art, ihn zu lesen, für spätere Generationen bewahren. Und genau hier liegt ein weiteres Problem bei der „Strieme" in Jesaja 53,5: Die Vokale der jüdischen Gelehrten scheinen hier keinen rechten Sinn zu machen. Genauer gesagt handelt es sich sogar nur um einen einzigen Punkt (ein sogenanntes *Dagesch),* der hier bewusst weggelassen wurde, der aber die Aussprache und den Sinn des Wortes verändert.

Genau *das* ist das Rätsel der Strieme. Gehen wir den Dingen auf den Grund.

Was es mit der Strieme auf sich hat

Fangen wir also mit dem ersten Problem an und begeben uns auf die Suche nach der merkwürdigen Einzahl. Wieso ist hier nur von *einer* Strieme die Rede?

Man könnte vermuten, dass es sich um eine Eigenart der hebräischen Sprache handelt, wenn von einer Strieme die Rede ist. Doch um es kurz zu machen: Das scheint nicht die Lösung zu sein, denn die anderen Stellen, an denen „Strieme" im Alten Testament vorkommt, geben hier keine Hinweise. Mal ist von der Strieme in der Einzahl (1Mo 4,23; 2Mo 21,25; Jes 1,6; 53,5) und mal in der Mehrzahl (Ps 38,6; Spr 20,30) die Rede. Der jeweilige Gebrauch ergibt eigentlich auch an allen Stellen sofort Sinn. Nur eine Stelle fällt aus dem Rahmen, nämlich die Stelle in Jesaja 1,6. Ist das ein Zufall, dass wir auch hier wieder im Buch Jesaja sind? Die Passage, um die es geht, lautet:

> *Von der Fußsohle bis zum Haupt ist keine heile Stelle an ihm: Wunden und Striemen und frische Schläge; sie sind nicht ausgedrückt und nicht verbunden, noch mit Öl gelindert. (Jes 1,6)*

Auch hier übersetzen fast alle Bibelübersetzungen mit der Mehrzahl „Striemen", obwohl im Hebräischen die Einzahl steht. Daneben gibt es aber noch eine weitere Auffälligkeit. Auch die Ausdrücke „Wunden" und „Schläge" stehen im Hebräischen in der Einzahl, denn hier heißt es wörtlich:

> *Von der Fußsohle bis zum Haupt ist keine heile Stelle an ihm:* ***Wunde*** *und* ***Strieme*** *und frischer* ***Schlag****;* ***sie*** *sind nicht ausgedrückt und nicht verbunden, noch mit Öl gelindert. (Jes 1,6)*[1]

Und wieder handelt es sich nicht um einen Schreibfehler, denn auch für diesen Text gibt es eine Bestätigung durch die große Jesajarolle aus Qumran. Sucht man nach einem Grund für diese mehrfache Einzahl in Verbindung mit der Bedeutung, wird es noch rätselhafter. Die dreimalige Einzahl macht scheinbar wenig Sinn, denn schließlich ist hier von einem Körper die Rede, an dem von Kopf bis Fuß „keine heile Stelle" zu finden ist! Wie kann es da nur *eine* Wunde, *eine* Strieme und *einen* frischen Schlag geben? Der Inhalt der Aussage ist eindeutig – und hier sind wir am entscheidenden Punkt angelangt: Offenbar sind *viele* Wunden, Striemen und Schläge gemeint, obwohl nur die Einzahl dasteht. Aber warum schreibt man dann nicht in der Mehrzahl?

Der Schlüssel dazu liegt in der poetischen Natur der Passage und darin, dass im biblischen Hebräisch oft kraftvolle rhetorische Bilder verwendet werden. Die Einzahl kann man hier nur als Stilmittel erklären, das man als „kollektiven" oder „qualitativen Singular" bezeichnet und das hier rhetorischen Effekt hat. Dabei steht die Einzahl zur Hervorhebung der Qualität anstelle der eigentlich zu erwartenden Mehrzahl. Wenn man diesen Effekt etwas freier ins Deutsche übersetzen möchte, müsste man es so sagen:

> *Jetzt schau dir das an – von Kopf bis Fuß ist keine einzige Stelle mehr heil. Hier – eine Wunde … da – eine Strieme … und da – ein frischer Schlag – und sie alle sind nicht ausgedrückt oder verbunden oder mit Öl gelindert!*

Diese Ausdrucksweise war also offenbar kein Fehler, sie wurde sogar von den hebräischen Muttersprachlern, die diesen Text ins Griechische übersetzten, bewusst nachgeahmt. Das Ergebnis klingt im Griechischen ähnlich gestelzt wie im Deutschen, gibt aber immerhin eine Vorstellung von dem, was hier gemeint ist, und würde wörtlich übersetzt so lauten:

Von den Füßen bis zum Kopf – sei es Verletzung oder Strieme oder entzündete Schlagwunde – gibt es kein Linderungsmittel zum Auflegen, weder Öl noch Verbände.[2] *(Jes 1,6)*

Es handelt sich bei dieser merkwürdigen Einzahl also um eine für das Hebräische typische Ausdrucksweise, und das kann man sogar mit anderen Stellen belegen. Es gibt eine interessante Passage im Buch Sirach, das zwar nicht zum biblischen Kanon gehört, aber interessante Einblicke in den hebräischen Sprachgebrauch gibt. Dieses Buch wurde ursprünglich auch in Hebräisch geschrieben und anschließend ins Griechische übersetzt. Das hebräische Original ist zwar nicht mehr vollständig erhalten, aber die griechische Übersetzung gibt es noch. Und in diesem Buch kommt ebenfalls eine Passage vor, in der die „Strieme" in der Einzahl vorkommt, aber keine Einzahl meinen kann:

... denn wie ein Sklave, der fortwährend verhört wird, an (blutigen) Striemen nicht Mangel haben wird, so wird auch der, der schwört und dauernd den Namen (Gottes) ausspricht, von Sünde nicht gereinigt werden.[3] *(Sir 23,10)*

Auch hier ist wörtlich nur von einer einzigen Strieme (Einzahl) die Rede, auch wenn ganz eindeutig viele Striemen vorliegen – schließlich heißt es ausdrücklich, dass er an Striemen nicht Mangel hat. Ganz eindeutig kann man die Stelle nicht anders als das oben schon erwähnte Stilmittel eines „kollektiven" oder „qualitativen Singulars" verstehen.

Was nun für das Hebräische offenbar typisch ist, geht für das Griechische allerdings nicht. Eine großflächige Suche durch eine große Anzahl griechischer Schriften des Altertums liefert keine einzige Stelle, in der die „Strieme" als Einzahl verwendet wird, obwohl mehrere Striemen gemeint sind. Man darf also nicht denken, dass eine Einzahl von „Strieme", wie wir sie in der Septuaginta in Jesaja 1,6 und 53,5 oder im Neuen Testament in 1. Petrus 2,24 finden, einem griechischen Muttersprachler einfach über die Lippen gegangen wäre. Im Gegenteil, sie war für ihn so außergewöhnlich wie für uns im Deutschen. Und trotzdem wurde der Singular in allen Fällen wörtlich ins Griechische übernommen, ohne ihn zu einem Plural zu „glätten". Dahinter stand ganz wesentlich der Respekt vor Gottes Wort, das man auch in der Übersetzung so ursprünglich wie möglich bewahren wollte. Denn so viel war klar: Die Einzahl hat eine wichtige Bedeutung. Aber welche?

Die Bedeutung der Strieme im Zusammenhang

Um die merkwürdige Einzahl zu verstehen, müssen wir bei Jesaja 1,6 beginnen und einen Blick in den Kontext werfen. Gott spricht durch Jesaja zu seinem Volk Israel und weist es wegen dessen Ungehorsam scharf zurecht. Die vorausgehenden Sätze sind eine deutliche Abrechnung mit dem Volk, das sich von Gott abgewendet hat:

> *Höre, du Himmel, und horch auf, du Erde! Denn der HERR hat geredet: Ich habe Söhne großgezogen und auferzogen, sie aber haben mit mir gebrochen. Ein Rind kennt seinen Besitzer und ein Esel die Krippe seines HERRN. Israel aber hat keine Erkenntnis, mein Volk hat keine Einsicht. Wehe, sündige Nation, schuldbeladenes Volk, Geschlecht von Übeltätern, Verderben bringende Kinder! Sie haben den Herrn verlassen, haben den Heiligen Israels verworfen, sie haben sich nach hinten abgewandt. (Jes 1,2-4)*

In bildlicher Sprache spricht Gott hier davon, wie er das Volk bereits in der Vergangenheit zurechtgewiesen und gestraft hat. Welche Art von Gerichten gemeint ist, wird auch im Kontext ausgeführt: Feinde haben das Land verheert, die Städte verbrannt und die Ernten gestohlen (Jes 1,7). In dem verwendeten Bild gleicht dieses Gericht einem harten Schlag, der eine Strieme hinterlässt. Doch der Ungehorsam ist in dieser Beschreibung so groß, so massiv, so gravierend, dass kein Mittel mehr zu helfen scheint. Es ist Gott einfach nicht möglich, das Volk noch mehr zu strafen, ohne es gleichzeitig zu vernichten. Durch das drastische Bild der Verwundung wird das ausgedrückt:

> *Wohin wollt ihr noch geschlagen werden, die ihr eure Widerspenstigkeit nur vermehrt? Das ganze Haupt ist krank, und das ganze Herz ist siech. (Jes 1,5)*

Diese Worte schildern, wie schwerwiegend der Ungehorsam Israels in Gottes Augen ist. Sie zeigen aber auch, wie Gott Sünde generell empfindet – auch heute noch. Die Beschreibung gibt einen lebhaften Eindruck davon, wie Ungehorsam und Sünde von Gott trennen und welche Konsequenzen sie haben. Was damit ausgedrückt wird, hat einen unbestreitbar wahren Kern: Wenn Gott einen Menschen für jede Sünde des täglichen Lebens mit einem körperlichen Schlag bestrafen würde, dann hätten wir Menschen bald keine heile Stelle mehr. Und dann? Was sollte Gott dann machen? Jeder weitere Schlag würde den Menschen vernichten. Genau das ist der Kontext, in dem nun der Vers aus Jesaja 1,6 steht:

> *Von der Fußsohle bis zum Haupt ist keine heile Stelle an ihm: **Wunde** und **Strieme** und frischer **Schlag**; **sie** sind nicht ausgedrückt und nicht verbunden, noch mit Öl gelindert. (Jes 1,6)*

Die Einzahl der Strieme (genau wie von Wunde und Schlag) steht also dafür, den Blick auf jede einzelne Strieme zu lenken, die als Strafe erfolgt ist. Jede ist schlimmer als die vorherige. Das ist ein sprachliches Mittel, um die Folgen der Sünde Israel drastisch in den Mittelpunkt zu rücken – denn tatsächlich ist die Fokussierung auf eine einzelne Strieme hier so etwas wie der Zoom einer Kamera mit sprachlichen Mitteln. Würde man sich den Vers als bildliche Szene vorstellen, würde man sehen, wie jemand den verwundeten Körper ungläubig untersucht und dabei eine um die andere Wunde, Strieme und Schlagwunde begutachtet. Entsetzt stellt er fest, dass der ganze Körper so voller Wunden ist, dass er nicht noch mehr Verwundungen ertragen würde. Wie kann ein derart Verwundeter nur noch *eine* weitere Strieme aushalten?

Mehr geht nicht

Natürlich handelt es sich hier nur um einen Vergleich, denn die Strafe und Zurechtweisung Israels bestand nicht in körperlichen Schlägen, sondern in der Verwüstung des Landes, der Ernte und der Städte durch Feinde (Jes 1,7-8). Ganz real würde eine weitere Züchtigung Gottes daher bedeuten, dass Israel völlig vom Erdboden vertilgt und vernichtet werden müsste, wie schon lange vorher Sodom und Gomorra (Jes 1,9).

Die Botschaft ist also eindeutig: Die Sünde Israels ist so gravierend, dass jede Zurechtweisung versagt, kein Mittel zu einer Besserung führt und jede weitere Bestrafung zwangsläufig die Vernichtung nach sich ziehen würde. Eben wie bei einem Menschen, der von Kopf bis Fuß schon Wunden, blutige Striemen, unbehandelte und frische Schläge aufweist. Der Mensch kann die Strafe, die er verdient hat, einfach nicht tragen. Doch mit dieser bildhaften Aussage wird eine äußerst profunde Frage aufgeworfen: Kann ein Mensch überhaupt die Strafe für seine eigene Sünde tragen? Ist er überhaupt fähig, so viel Strafe auf sich zu nehmen, wie er selbst verdient? Und was wäre, wenn dem nicht so ist? Was wäre, wenn Menschen prinzipiell gar nicht dazu in der Lage sind, die Konsequenzen ihrer eigenen Sünde zu tragen und die entsprechende Strafe zu erhalten? Es kommt sogar noch schlimmer: Was ist, wenn zwangsläufig jeder Mensch – ähnlich wie damals Israel – auch durch die größte Strafe gar nicht zur Einsicht zu bringen ist, dass sein Tun falsch ist? Was wäre denn, wenn dann für Gott die einzige Alternative darin bestünde, diesen Menschen zu vernichten, weil er weder zur Einsicht noch zum Tragen der Strafe in der Lage ist?

Das Rätsel der Strieme

Vor diesem Hintergrund ist es geradezu furchterregend, wenn Gott schließlich die folgende Ankündigung macht:

> *Kommt denn und lasst uns miteinander rechten!, spricht der HERR. (Jes 1,18)*

Das ist der Beginn einer Art Gerichtsverhandlung, in der nun das Schicksal Israels verhandelt wird. Und so viel scheint sicher: Das Ende dieser Verhandlung muss zwangsläufig zur völligen Vernichtung Israels führen. Aber was dann geschieht, ist sprichwörtlich nicht von dieser Welt. Als das Urteil verkündet wird, heißt es nämlich:

> *Wenn eure Sünden rot wie Karmesin sind, wie Schnee sollen sie weiß werden. Wenn sie rot sind wie Purpur, wie Wolle sollen sie werden. (Jes 1,19)*

Was geschieht hier? Wie passt das denn zusammen? Ist diese Konsequenz nicht völlig unlogisch? Genau dieser Effekt ist beabsichtigt. Ja, diese Ankündigung ist tatsächlich völlig unpassend. Israel wird freigesprochen, obwohl es die Vernichtung verdient hat. Es ist, als ob zwischen Jesaja 1,18 und Jesaja 1,19 eine Erklärung für die Wende fehlt. Wo ist der nächste Schlag, die nächste Strieme geblieben, die Israel verdient hat, aber nicht mehr ertragen kann? Wo ist der tödliche Schlag geblieben, der Israel vernichten müsste? Mit anderen Worten: Wo ist die Strieme? Genau das beantwortet Gott später im Buch Jesaja – in Kapitel 53.

Der Weg von Jesaja 1 zu Jesaja 53

In Jesaja 53,5 kommt also die Auflösung des Rätsels, mit dem das Buch Jesaja begann – sozusagen das Rätsel der Strieme. Es gibt zwar vorher jede Menge Andeutungen, wie Gott die wundersame Heilung bringen kann, aber die eindeutige Antwort kommt erst in Jesaja 53. Natürlich kommt sie nicht aus dem Nichts. Jesaja 53 hätte man nicht einfach an Jesaja 1 anschließen können, sondern dazwischen liegt ein Weg, den man gedanklich mitgehen muss. Dieser Weg führt von dem unabwendbaren Gericht über Israel (Jes 6) zum Gericht über alle Völker (Jes 24–27), und dann folgen Ausblicke der Hoffnung (ab Jes 40). In diesen Ausblicken der Hoffnung wird Israel als idealer Knecht Gottes beschrieben, der Gott treu dient und das richtig macht, was das Volk bis dahin falsch gemacht hat. Doch während dieser Knecht zuerst noch Israel selbst zu sein scheint (Jes 41,8; 44,2), der auch anderen Völkern das Licht bringt (Jes 42,1), wird dieser Knecht allmählich zum Stellvertreter Israels. Er tritt sozusagen aus Israel heraus und als dessen perfekter Repräsentant an die Stelle Israels und bringt dem Volk auf diese Weise die Rettung (Jes 42,6-7; 49,5.8; 50,4-5). Und nicht nur das – er bringt sogar auch den anderen Völkern das Heil (Jes 49,1.6). Mehr und mehr wird dabei deutlich, dass dieser perfekte Repräsentant Israels auch in Bezug auf die Verachtung und Erniedrigung (Jes 49,7; 50,2) die Stelle Israels einnehmen muss. Er ist einerseits wie Israel und steht für Israel, unterscheidet sich aber auch von Israel. Und dann kommt die Passage in Jesaja 52,13–53,12. Sie ist nach drei früheren poetischen Passagen über diesen Knecht, die auch als „Gottesknechtslieder" bezeichnet werden (Jes 42,1-4; Jes 49,1-6; Jes 50,4-9), das vierte, letzte, ausführlichste und deutlichste der Gottesknechtslieder. Es ist der krönende Abschluss und aus gutem Grund so bekannt und wichtig in der Bibel.

Die Auflösung des Rätsels

Das Lied beginnt damit, dass dieser Gottesknecht die Position Israels einnimmt.

War nicht Israel derjenige, über den man entsetzt sein musste? Nun ist es der Gottesknecht (Jes 52,14). War nicht Israel derjenige, der verachtet und verlassen war? Nun nimmt diese Stelle der Gottesknecht ein (Jes 53,3). Der perfekte Stellvertreter Israels tritt also an Israels Stelle und trägt stellvertretend die Schmerzen, die Schmach, die Erniedrigung. Demnach bringt Jesaja 53,4-5 nur auf den Punkt, was in den Versen davor schon sehr deutlich sichtbar ist:

> *Jedoch unsere Leiden – er hat sie getragen, und unsere Schmerzen – er hat sie auf sich geladen. Wir aber, wir hielten ihn für bestraft, von Gott geschlagen und niedergebeugt. Doch er war durchbohrt um unserer Vergehen willen, zerschlagen um unserer Sünden willen. Die Strafe lag auf ihm zu unserm Frieden, und durch* ***seine Strieme*** *ist uns Heilung geworden. (Jes 53,4-5)*

Der perfekte Stellvertreter trägt nicht nur die Erniedrigung, sondern auch die *Strafe.* Und genau hier taucht sie wieder auf: die Strieme. Die Strieme, die in Jesaja 1,6 nicht mehr folgen konnte, weil Gott Israel sonst vernichtet hätte, kommt hier auf den Stellvertreter. Die Strieme, die ausblieb, indem bei der Gerichtsverhandlung der eigentlich berechtigte Urteilsspruch plötzlich zum unerwarteten Freispruch wurde. Diese Strieme, die für jeden Menschen irgendwann die Strieme ist, die eben eine zu viel ist, kommt hier auf den Stellvertreter. Die Strafe, die am Schluss für jeden Menschen zu groß ist, kann offenbar nur dieser eine Stellvertreter tragen.

Natürlich wissen wir nun bereits, dass auch diese Strieme streng genommen keine einzelne Strieme sein kann. Die drastischen Bilder der Verletzung (bestraft, geschlagen, niedergebeugt, durchbohrt, zerschlagen etc.) sprechen von mehr als nur von einer Strieme. Inzwischen wissen wir jedoch, dass eine Strieme im Hebräischen poetisch als sogenannter kollektiver oder qualitativer Singular verwendet werden kann. Trotzdem ist das in Jesaja 53,5 ungewöhnlich, denn anders als in Jesaja 1,6 gibt es hier keine anderen Ausdrücke wie „Wunde“ oder „Schlag“ im Singular, die klar auf eine poetische Ausdrucksweise hindeuten würden. Was also ist der Grund, weshalb hier nur eine einzelne Strieme genannt wird? Auch ein hebräischer Leser wäre über die Einzahl der Strieme verwundert, wenn er Jesaja 53,5 losgelöst vom Kontext vor sich hätte. Doch wenn er das Buch Jesaja von Beginn an gelesen hat, so ist ihm die Strieme nicht unbekannt. Er erinnert sich an Jesaja 1,6 und stellt den Zusammenhang her. Die Strieme in der Einzahl ist damit eine ganz bewusste Anknüpfung an die eine andere Stelle im selben Buch, in der sie so prominent auftritt. Und genau darin liegt die wichtige Botschaft dieser Bezugnahme: Die Strieme, die der Gottesknecht in Jesaja 53 trägt, ist genau das, was Israel nach Jesaja 1 verdient hat.

Auch hier dient die Einzahl sozusagen der Vergrößerung, ähnlich wie bei der Zoomfunktion einer Kamera. Es ist, als ob dadurch gleichsam gesagt würde: *Schau hin! Schau dir diese Strieme an! Ist sie nicht grausam, hässlich und fürchterlich? Und ganz genau das ist es, was die Sünde tut – meine und deine Sünde!* Das in etwa ist die durch die Einzahl vermittelte Botschaft.

Plötzlich fügt sich alles zusammen: Wie löst Gott das Dilemma aus Jesaja 1? Wie kann er Israel für seine Sünde zur Rechenschaft ziehen, ohne Israel zu vernichten? In Jesaja 1 schien das unmöglich, denn jede weitere Strieme hätte Israel vernichtet. Hier in Jesaja 53 ist die Antwort: Der Gottesknecht trägt sie, und nur er ist dazu in der Lage. Und damit bekommt auch die sehr tiefsinnige Frage, ob Menschen überhaupt die Konsequenzen ihrer Sünde tragen können, eine weitreichende Antwort: Gott kann die Sünde nicht am Menschen bestrafen, ohne ihn dem Tod zu übergeben. Es ist einfach nicht möglich, dass ein sterblicher Mensch die Strafe tragen und danach noch leben kann. Dieses Dilemma löst der Gottesknecht für uns. Er trägt die Strafe – die Strieme.

Die Verwendung der Einzahl trägt also auf ungeahnte Weise zu der Gesamtbotschaft der Prophetie in Jesaja 53 bei. Doch sie enthält noch einen weiteren Effekt, den man als „Partikularisierung" bezeichnen könnte: Indem von einer Einzahl der Strieme die Rede ist, wird die Vielzahl der Striemen in viele einzelne Striemen aufgelöst, die man sich genauer ansehen sollte. Das ist eine andere Art zu sagen: *Schau her, jede dieser Striemen, die der Gottesknecht trägt, ist eine verdiente Strafe. Jede dieser Striemen ist die Strafe für eine menschliche Sünde. Und schau her – hier findest du auch für jede deiner Sünden eine Strieme.*

Und noch eine weitere Entdeckung kann man hier machen: Interessanterweise steht die Strieme in der Einzahl dafür, dass „uns", also einer Vielzahl, Heilung wird. Damit wird deutlich, dass die Leiden des Gottesknechtes so umfassend, so weitreichend sind, dass er nicht im wörtlichen Sinne jede Sünde des Menschen als körperliche Strieme auf sich trägt (das würde auch gar nicht gehen). Im Gegenteil: Seine Leiden sind von so einer großen Reichweite und Rettungskraft, dass aus jeder einzelnen Strieme Heilung für viele, für *uns* fließt. Was sich hier andeutet, ist nichts anderes als eine Fortsetzung der Hinweise, die bereits im sühnenden Tod des *einen* Hohen Priesters für die *vielen* Sünder im Zusammenhang mit den Zufluchtsstädten deutlich wurde (4Mo 35,28).

Das durch die Einzahl im Wort „Strieme“ bewirkte sprachliche Bild ist also alles andere als widersprüchlich, sondern unglaublich tief und inhaltsreich. Die Strieme in der Einzahl soll genau auf diesen Bezug hinweisen. Sie stößt uns sozusagen auf eine tiefere Botschaft, die in einer sprachlichen Feinheit verpackt ist.

Die Striemen Jesu

Jahrhunderte nach der Prophetie in diesem alten Text kommt er dann schließlich – der Gottesknecht, Jesus, der Messias. Und was in Jesaja 53 vorausgesagt wurde, erfüllt Jesus sogar im doppelten Sinne: Er trägt tatsächlich die Strafe, die kein sterblicher Mensch ertragen kann, nämlich das Gericht Gottes in seiner tiefsten und am weitesten gehenden Form. Er tut dies durch sein Leiden und Sterben am Kreuz. Gleichzeitig erfüllt er die Prophetie noch auf eine zweite Art, denn er trägt natürlich auch *tatsächliche* Striemen davon, als er gegeißelt wird (Mt 27,26). Das ist allerdings vor dem Hintergrund der bildlichen Bedeutung der Einzahl „Strieme“ in Jesaja 53,5 kein Widerspruch. Die dort genannte einzelne Strieme steht stellvertretend (man sagt auch: *Pars pro Toto)* für alle Leiden Jesu. Es wäre daher auch spitzfindig, wenn man nun fragen würde, ob Jesus nur durch die Geißelung unsere Sühne erwirkt habe. Das ist hier nicht der Aspekt, auf den es in Jesaja 53,5 ankommt. Jesus hat die Sünde durch seine Leiden getragen, als er stellvertretend für uns vom Vater gerichtet wurde.

Auch eine andere Spitzfindigkeit erübrigt sich, wenn man die Sprachfigur versteht: Man kann den Vers in Jesaja 53,5 nicht dafür verwenden, dass Jesus Menschen stets körperlich gesund machen und von Krankheit heilen wolle, indem er stellvertretend unsere Krankheiten getragen hat. Denn im Kontext des Buches Jesaja wird ganz deutlich, dass das Bild der Strieme nicht für Krankheiten, sondern für die Strafe als direkte Folge der Sünde steht – und sich ganz abgesehen davon auf die Verwüstung des Landes bezieht. Wenn also genau dieser Vers aus Jesaja 53,5 in Matthäus 8,17 zitiert wird, dann ist der entscheidende Punkt, dass sich Jesus so sehr mit den

Menschen identifiziert, dass er uns in *all unserem Elend* begegnet – auch wenn er nicht jede körperliche Krankheit wegnimmt. Die von Jesus vollbrachten Heilungen sind sozusagen selbst ein Symbol und eine Veranschaulichung dafür, dass er sich der menschlichen Verlorenheit annimmt.

Das Rätsel der Strieme ist fast gelöst. Es bleibt nur noch eine letzte Frage.

Was ist mit dem Punkt?

Manchmal gibt es Entdeckungen in der Bibel, die alte Texte in völlig neuem Licht erscheinen lassen. Das ist auch hier der Fall. Und manchmal weist gerade das, was vordergründig wie ein Problem aussieht, auf die Lösung hin. In dem Wort „Strieme" gab es ein zusätzliches Rätsel, nämlich einen vermeintlich fehlenden Punkt, durch den die Wortbedeutung rätselhaft wird. Was hat es damit auf sich? Was hat die jüdischen Gelehrten dazu geführt, die „Strieme" so seltsam zu vokalisieren?

Es gibt dafür eine verblüffende Lösung: Es scheint so, als ob die jüdischen Gelehrten etwas sahen, was wir heute nicht mehr ohne Weiteres sehen können. Sie wussten, dass das hebräische Wort in Jesaja 53,5 doppeldeutig ist, weil es auf zwei verschiedene Arten mit Vokalen versehen werden kann. Hinter den Konsonanten können sich zwei verschiedene Worte verbergen, ähnlich wie im Deutschen die Konsonanten „l-b-n" je nach eingefügten Vokalen „loben" oder „leben" bedeuten können. Beide Worte unterscheiden sich nur durch einen einzigen Vokal (nämlich „o" statt „e") und sind doch völlig unterschiedlich. Und hier wird es spannend: Die hebräischen Konsonanten können ebenfalls für zwei Worte stehen, nämlich einerseits für „Strieme" und andererseits für „Gemeinschaft". Beides sind ganz unterschiedliche Worte mit ganz unterschiedlicher Bedeutung – welches ist hier tatsächlich gemeint?

Die richtige Bedeutung

Auf der Suche nach der richtigen Bedeutung fällt schnell auf, dass der Kontext eindeutig von Wunden und Verletzungen spricht. Im ganzen Zusammenhang ist von Verletzungen die Rede, daher ist „Strieme" wohl die Hauptbedeutung. Außerdem übersetzt auch die alte griechische Übersetzung – die Septuaginta – hier mit „Strieme/ Wunde"; und diese verwendet auch Petrus, als er den Vers aus Jesaja 53,5 in seinem Brief zitiert (1Petr 2,24). „Strieme" ist also die Bedeutung, die hier im Vordergrund steht. Damit wäre die Entscheidung zwischen den Alternativen eigentlich erledigt, oder?

Ganz so einfach ist die Sache allerdings nicht. In unserem heutigen Denken suchen wir häufig nach Eindeutigkeit und klaren Festlegungen. Wir denken in Entweder-oder-Kategorien. Zur Zeit des Alten Testaments spielte man aber gerne mit Worten, indem man manche Aussagen bewusst doppeldeutig formulierte – man spricht von einer *Ambivalenz.* Einzelne Aussagen oder Worte begannen auf diese Weise zu schillern wie z. B. eine außergewöhnliche Muschel, die je nach Lichteinfall eine andere Farbe hat. Dazu kommt, dass der ganze Abschnitt in Jesaja 52,13–53,12 ein poetischer Text ist, ähnlich einem Gedicht. Und in poetischen Texten sind solche Wortspiele noch viel häufiger – das ist sogar im Deutschen so. Vor allem im Buch Jesaja begegnet man solchen Mehrdeutigkeiten oder Ambivalenzen häufiger.[4] Es gibt hier also vermutlich gar kein starres Entweder-oder, sondern eine absichtlich angelegte Doppeldeutigkeit. Und genau das haben die Masoreten erkannt. Sie haben verstanden, dass man hier sowohl „Strieme" als auch „Gemeinschaft" lesen kann und *beide* Worte im Zusammenhang Sinn ergeben – und dass beide kein Widerspruch sind, sondern sich sogar ergänzen. Und genau das haben sie deutlich gemacht, indem sie den Text ungewöhnlich vokalisiert haben (nämlich so, dass die Vokalisierung weder ganz zur einen noch zur anderen Deutung passt, sondern selbst eine Art Mischform ist).[5]

Eine interessante Bedeutung

Liest man also statt „Strieme“ die von den Masoreten angedeutete zweite Vokalisierung und damit das Wort „Gemeinschaft“, erscheint der Vers in einem völlig neuen Licht:

> *Durch seine Gemeinschaft ist uns Heilung geworden.*

Nach diesem Verständnis kommt die Heilung dadurch zustande, dass der Gottesknecht an unsere Stelle tritt und das trägt, was wir verdient hätten. Durch diese Doppeldeutigkeit in der Vokalisierung wird ausgedrückt, dass der Gottesknecht gerade deshalb ein Knecht ist, weil er an die Stelle Israels und der Menschen getreten ist. Er ist zu uns gekommen, hat Gemeinschaft mit uns gesucht. Und dann hat er an unserer Stelle die Bestrafung auf sich genommen und uns zugerechnet. Das ist diese „Gemeinschaft“, von der hier die Rede ist.

Ein Ausflug ins Neue Testament

Im Neuen Testament wird der gleiche Gedanke mit anderen Worten ausgedrückt, wenn von dem wahren Helden der Bibel die Rede ist, von dem Jesaja als dem Gottesknecht spricht. Wir sind „in Christus“, *in ihm*, also in völliger Identifikation mit ihm:

> *So sind wir nun **mit** ihm begraben worden durch die Taufe in den Tod, damit, wie Christus aus den Toten auferweckt worden ist durch die Herrlichkeit des Vaters, so auch wir in Neuheit des Lebens wandeln. Denn wenn wir verwachsen sind **mit** der Gleichheit seines Todes, so werden wir es auch mit der seiner Auferstehung sein; ... da wir dies erkennen, dass unser alter Mensch **mit**gekreuzigt worden ist, damit der Leib der Sünde abgetan sei. … Wenn wir aber **mit** Christus gestorben sind, glauben wir, dass wir auch **mit** ihm leben werden. (Röm 6,4-8)*

Es ist doch erstaunlich, mit welchen intensiven Sprachbildern Paulus hier die Gemeinschaft ausdrückt (man stelle sich nur einmal das

„verwachsen" bildlich vor)! Besonders deutlich ist das in dem Wort „mit" ausgedrückt, das hier nicht weniger als fünfmal verwendet wird, viermal davon direkt in der jeweiligen Verbform enthalten (wörtlich also „mitbegraben", „mitverwachsen", „mitgekreuzigt", „mitleben"). Ähnlich gebraucht Paulus diese Worte auch im Epheserbrief, in dem er auf diese Weise deutlich beleuchtet, was es heißt, „in Christus" zu sein (Epheser 1,3-14). Seine Erklärung für diesen Tatbestand kommt dann in Epheser 2,1-6: Wir sind „mitlebendig gemacht", „mitauferweckt" und „mitsitzend" im Himmel (V. 5-6). Und schließlich geht es weiter in Epheser 3,6, denn wir sind „in Christus" „Miterben", „Miteinverleibte" und „Mitteilhaber". Auch hier gebraucht er dieselben Verben mit der Vorsilbe „mit" - und sprengt, ähnlich wie in Jesaja 53,5, sogar den damals üblichen sprachlichen Konsens, indem er eine Wortneubildung schafft. Denn das stärkste dieser Worte - das Wort „Miteinverleibte", das die Gemeinschaft wie kein zweites ausdrückt - gibt es vor Paulus nirgendwo in der Literatur. Es ist ein Wort, das Paulus neu gebildet, ja geradezu neu erfunden hat, weil er die Vorsilbe „mit" direkt mit dem Wort „Leib" verbunden hat, um die enge Gemeinschaft mit Christus und die Stellung des Gläubigen in ihm auszudrücken.

Man braucht sich also nicht darüber zu wundern, woher Paulus auf solche Gedanken kam: Sie sind schon lange vorher im Alten Testament angedeutet, wenn von dem wahren Stellvertreter für die Menschen die Rede ist. Sie sind nicht nur, aber eben auch in dem großen Gedankengang der Stellvertretung in Jesaja 1–53 schon klar enthalten. Das kleine, schillernde Wort „Strieme" in Jesaja 53,5, das auch „Gemeinschaft" bedeuten kann, ist also nur die Spitze des Eisbergs. Es ist nicht der Ursprung des von Paulus entwickelten Gedankens, „in Christus" zu sein oder engste Gemeinschaft „mit" ihm zu haben, aber sicher einer der alttestamentlichen Höhepunkte, die diesen Gedanken nahelegen.

Die Strieme

Vor diesem Hintergrund gibt es noch eine zweite Erklärung, weshalb in Jesaja 53,5 eine auf den ersten Blick so merkwürdige Einzahl vorkommt: Die Doppeldeutigkeit von „Strieme" und „Gemeinschaft" funktioniert nur, wenn das Wort in der Einzahl steht. Das ist ein weiterer Hinweis darauf, dass diese Doppeldeutigkeit hier absichtlich angelegt ist. Sie weist auf ein tiefes Geheimnis hin: Gerade indem der Gottesknecht unseren Platz einnimmt und die Strieme, die jeder jeden Tag für jede Sünde verdient hätte, auf sich nimmt, schenkt er Heilung. Und genau auf diese Weise wird das Urteil aus dem ersten Kapitel des Buches Jesaja Wirklichkeit: Freispruch statt Verurteilung, Heilung statt Vernichtung (Jes 1,18).

Der Held der Bibel

Wie so oft in der Bibel enthält also gerade ein Text, der auf den ersten Blick merkwürdig erscheint, ungeahnte Schätze und spricht von dem wahren Helden der Bibel. Indem er das Problem der Strafe in einem so unscheinbaren Wort wie der „Strieme" hervorhebt, macht er auch Jesus als den wahren Gottesknecht und Sühne bringenden Stellvertreter groß. Die Sünde ist so gravierend, dass kein sterblicher Mensch sie tragen und anschließend am Leben bleiben kann. Sie erfordert eine grausame Strieme, die man sich genau anschauen muss, um das Ausmaß unserer Sünde zu begreifen. Doch von dieser letzten, todbringenden Strieme bleibt jeder verschont, der an den Gottesknecht glaubt – sie wurde von Jesus bereits getragen. Tatsächlich trägt er alle Striemen, weil die Einzahl betont, was er für jede unserer Sünden erduldet hat. Und so ist genau das das Geheimnis der Strieme: „Durch *seine Strieme* ist uns Heilung geworden."

Anmerkungen

1 In kommenden Ausgaben der Elberfelder Bibel ist daher in Jesaja 1,6; 53,5 und in 1. Petrus 2,24 eine Fußnote enthalten, die auf den außergewöhnlichen Singular hinweist. Der Plural bleibt weiterhin im Haupttext der Bibel stehen, weil er durchaus dem Sinn entspricht. Aber auch der deutsche Leser soll stolpern dürfen, daher gibt es nun in der Fußnote zu allen drei Stellen den Hinweis auf den Singular.

2 M. Karrer; W. Kraus (Hg.), *Septuaginta Deutsch: Das griechische Alte Testament in deutscher Übersetzung: Text.* Stuttgart, Deutsche Bibelgesellschaft, 2009, S. 1231.

3 M. Karrer; W. Kraus, a. a. O., S. 1121.

4 Siehe dazu etwa K. Baltzer, *Deutero-Isaiah: A Commentary on Isaiah 40–55*, Minneapolis, Fortress Press, 2001, S. 411–412, der hier ebenfalls eine absichtliche Ambivalenz sieht.

5 Vgl. ähnlich auch U. Berges, *Jesaja 49–54*, Freiburg, Herder, 2015, S. 253.

6. DAS GEHEIMNISVOLLE GNADENJAHR

Ein besonderer Sabbat und ein besonderer Text

Die Zeit zwischen dem Alten und dem Neuen Testament ist für viele Bibelleser eine dunkle und unbedeutende Zeit – und das nicht ohne Grund. Auch viele Juden haben das damals so empfunden. Es war eine Zeit, in der man auf die Erfüllung der großen Verheißungen wartete. Jahrhunderte nach den letzten alttestamentlichen Propheten lagen viele Erwartungen in der Luft, dass bald die angekündigte Zeit gekommen sei und endlich derjenige kommen würde, auf den man so lange gewartet hatte. Zu dieser Zeit kommt Jesus zur Welt und tritt als Erwachsener öffentlich in Erscheinung. Als er seinen Dienst beginnt, hält Jesus eine erstaunliche Predigt. Sie steht am Beginn seines Wirkens, als Jesus gerade damit begonnen hat, in den Synagogen Israels öffentlich zu lehren.[1] Er ist an diesem Sabbat in seiner Heimatstadt Nazareth. Und was sich hier zuträgt, ist geradezu spektakulär, obwohl es ganz harmlos beginnt.

> *Und er kam nach Nazareth, wo er erzogen worden war; und er ging nach seiner Gewohnheit am Sabbattag in die Synagoge und stand auf, um vorzulesen. Und es wurde ihm das Buch des Propheten Jesaja gereicht; und als er das Buch aufgerollt hatte, fand er die Stelle, wo geschrieben war: „Der Geist des Herrn ist auf mir, weil er mich gesalbt hat, Armen gute Botschaft zu verkündigen; er hat mich gesandt, Gefangenen Freiheit auszurufen und Blinden, dass sie wieder sehen, Zerschlagene in Freiheit hinzusenden, auszurufen ein angenehmes Jahr des Herrn." (Lk 4,16-19)*

Es ist ein scheinbar ganz normaler Sabbat in dem verschlafenen Dorf Nazareth, und doch liegt Spannung in der Luft. Es ist üblich, dass beim Synagogengottesdienst am Samstagmorgen einer der Männer eine Schriftstelle vorliest, und so macht es auch Jesus. Daran stört sich niemand – im Gegenteil: Jesus gehört wohl zu den geehrten Männern, die diese besondere Aufgabe übernehmen dürfen. Das wissen wir sogar sehr genau, weil Lukas es kurz vorher sagt: „Und er lehrte in ihren Synagogen, geehrt von allen" (Lk 4,15). Jesus ist gerade dabei, als begehrter und geachteter Redner bekannt zu werden, jedenfalls bis zu diesem besonderen Sabbat. Denn an diesem Sabbat kommt es zu einem Eklat in der Synagoge. Er hat weniger mit dem Text zu tun, den Jesus zitiert, als vielmehr mit dem, was er dazu sagt. Schauen wir also genauer hin.

Eine unscheinbare Predigt mit besonderen Folgen

Der Text, den Jesus liest, geht den Zuhörern damals runter wie Öl – schließlich handelt es sich um einen der schönsten messianischen Texte aus dem Alten Testament. Er stammt aus Jesaja 61,1-2 und macht Mut, denn es ist ein Text, der Erlösung verheißt und damit Zuversicht und Hoffnung weckt. Und dieser Text kommt nicht zufällig gerade jetzt, gerade in dieser Zeit, gerade an diesem Sabbat dran. Es ist ein Text, der bei den Zuhörern Jesu schon in aller Munde ist und mit dem man große Erwartungen verbindet. Die Luft ist aufgeladen in Israel, und das hat einen ganz bestimmten Grund, der mit der Zeitrechnung zu tun hat. In Israel wartet man nämlich genau zu dieser Zeit auf große Ereignisse. Verheißungen aus dem Alten Testament laufen genau auf diesen Punkt der Geschichte zu, und zwar gleich mehrere. Es sind die besonderen „Siebenheiten", die hier in äußerst faszinierender, ja, göttlicher Weise kulminieren. Um das zu verstehen, ist ein kleiner Blick auf die Zeitrechnung in Israel notwendig.

Die Verheißung aus Jesaja 61,1-2

Der Text aus Jesaja 61 ist eine prophetische Rede des Gesalbten. Er spricht: „Der Geist des Herrn, HERRN, ist auf mir, denn der HERR hat mich gesalbt." Hier spricht Gottes Gesalbter (hebr. *maschiach,* also Messias), in der griechischen Sprache des Neuen Testaments ist das der „Christus des Herrn". Er ist zu diesem Zeitpunkt bereits durch den Heiligen Geist gesalbt. Und er tritt nun seine Mission an:

> *Er hat mich gesandt, den Elenden frohe Botschaft zu bringen, zu verbinden, die gebrochenen Herzens sind, Freilassung auszurufen den Gefangenen und Öffnung des Kerkers den Gebundenen, auszurufen das Gnadenjahr des HERRN und den Tag der Rache (o. Erlösung) für unseren Gott, zu trösten alle Trauernden. (Jes 61,1-2)*

Seine Mission: ein sehr besonderes Jahr auszurufen, nämlich das „Gnadenjahr des HERRN". In Israel gab es mehrere besondere Jahre wie etwa das *Sabbatjahr,* das alle sieben Jahre anfiel (2Mo 23,10-11; 3Mo 25,3-7). Daneben gab es noch das *Jubeljahr,* dass nach sieben Sabbatjahren und damit 49 Jahren anstand (3Mo 25,8-10). Durch diese besonderen Jahre wurde die Zeit strukturiert. Besonders das Jubeljahr war darin ein Höhepunkt und durch die Siebenerzyklen sozusagen das Ziel der bis dahin verflossenen Zeit, der Abschluss, die Vollendung und auch die Erfüllung vieler Hoffnungen. Es ist tatsächlich ein Jahr zum Jubeln, auch wenn sich der Name vom Horn (hebr. *jobel)* herleitet, das zu Beginn des Jahres geblasen wurde (3Mo 25,10). Im Jubeljahr kamen nicht nur Sklaven frei, sondern es wurden auch Landstücke in ihren ursprünglichen Besitz zurückgegeben (3Mo 25,10-13). Das Hebräische verwendet dafür merkwürdige Formulierungen wie „ausziehen" (3Mo 25,28.30-33) oder „auslösen" (3Mo 25,25.30.33) – also genau dieselben Formulierungen, die fest mit der Erlösung aus Ägypten verbunden sind (2Mo 6,6). Gott erlöste Israel, indem er sein Volk aus Ägypten herausführte, und eben daran erinnert das Jubeljahr. Dieser Grundgedanke ist im hebräischen Denken so tief verhaftet, dass man bei „Erlösung" immer an so etwas wie die

„Rückführung des Eigentums" dachte, wie schon im Zusammenhang mit den Zufluchtsstädten deutlich wurde. Das Jubeljahr war also ein Jahr besonderer Hoffnung, ein Jahr der Erlösung und Befreiung, und genau darauf nimmt die Prophetie in Jesaja 61,1-2 Bezug.

Dass hier tatsächlich ein Jubeljahr gemeint ist, wird daraus ersichtlich, dass die Prophetie ganz direkt an die Gesetze zum Jubeljahr aus 3. Mose 25,10 anknüpft. Denn es war eben das Jubeljahr, in dem die Gefangenen freigelassen und den Elenden frohe Botschaft gebracht wurde und das ein Trost für die Trauernden war. Doch warum wird das Jubeljahr dann nicht einfach beim Namen genannt, sondern stattdessen als „Gnadenjahr des HERRN" bezeichnet? Es scheint, als ob hier zwar an das Jubeljahr angeknüpft wird, aber noch mehr als ein Jubeljahr gemeint ist. Das sieht man daran, dass es nicht nur Auswirkungen auf Israel, sondern auch auf die ganze Welt hat und gleichzeitig eine Art Endgültigkeit beschrieben wird, die keine Steigerung mehr zulässt. Schauen wir uns diese beiden Aspekte genauer an.

Auswirkung auf die ganze Welt

Zum einen wird in Jesaja 61,1-2 ein Jubeljahr erwartet, das eine weit größere Auswirkung hat als normale Jubeljahre. Denn hier geht es um die Gefangenschaft Israels, um die Beendigung des Exils, um den Wiederaufbau der Trümmerstädte (Jes 61,4), um die neue Herrlichkeit Israels (Jes 61,6), um die Einführung eines „ewigen Bundes" (Jes 61,8) und darum, dass die Nachkommen Israels unter allen Völkern bekannt werden, sodass die Völker erkennen, dass Gott selbst der Welt Segen bringt (Jes 61,9). Es geht um eine neue „Gerechtigkeit" und eine neue „Rettung" (Jes 61,10), die „vor allen Nationen aufsprossen" soll (Jes 61,11). Kurzum: Hier geht es um nichts weniger als um das Schicksal des ganzen Volkes – also nicht nur um das von ein paar Sklaven oder Gefangenen – und sogar um das Schicksal *der ganzen Welt!* Und noch mehr: Diese Verse sind gewissermaßen ein Höhepunkt im Buch Jesaja, weil das ganze Buch auf diese neue Rettung, die als neuer Exodus und als *die* große Befreiung Israels schlechthin verheißen wird, zusteuert. Diese Rettung wird mit dem

Ausdruck „frohe Botschaft“ beschrieben (Jes 61,1; so auch schon in Jes 40,9; 52,7; 60,6), den die griechische Übersetzung des Alten Testaments (Septuaginta) mit „evangelizein“ wiedergibt, was eingedeutscht „evangelisieren“ heißt. Es sind genau diese Botschaft und der Begriff aus Jesaja 40,9, welche die Evangelisten später dazu führten, ihre Bücher als „Evangelium“ zu bezeichnen; und es ist genau dieses *Evangelium,* das die zweite Hälfte des Buches Jesaja prägt. Diese frohe Botschaft eröffnet die zweite Hälfte des Buches Jesaja wie eine Fanfare. Es ist eine Botschaft, die Befreiung verkündet und sogar die Ankunft des Königs selbst ausruft (Jes 40,1-5). Es geht um eine gute Nachricht, durch die Israel Rettung erfahren soll.

Eine endgültige Rettung

Doch das ist nur der erste Grund, weshalb hier ein besonderes Jubeljahr gemeint ist; es gibt noch einen zweiten. Dieser hat damit zu tun, dass im Alten Testament diese Zeit des Segens schon lange vorausgesagt wurde, und zwar schon im alttestamentlichen Gesetz (3Mo 26,40-45; 5Mo 30,1-10). Es ist eine Zeit, die mit der Schließung eines neuen Bundes einhergeht, durch den Gott eine völlig neue Phase in der Geschichte Israels einläuten wird (siehe z. B. Hes 37,15-28). Und diese Zeit hat eine so besondere Qualität, dass die damit verbundenen Ereignisse nur einmal geschehen können. Dieses besondere Jubeljahr, von dem Jesaja 61 redet, ist kein sich häufiger wiederholendes Ereignis, sondern der Höhepunkt der Geschichte Israels schlechthin.

Vermutlich hat es genau damit zu tun, dass in Jesaja 61 durch eine besondere Formulierung sogar von mehr als einem Jubeljahr die Rede ist. Um eben diesen Unterschied zu normalen Jubeljahren zu bezeichnen, wird dieses besondere Jubeljahr hier mit der einmaligen Formulierung „Gnadenjahr des HERRN“ bezeichnet. Es ist eben deutlich mehr als ein normales Jubeljahr, es ist ein völlig einzigartiges, besonderes Jahr, also das Mega-Super-Jubeljahr – oder in biblischer Sprache: das *Gnadenjahr des HERRN.* Die Erwartung an dieses Gnadenjahr des HERRN hätte in Israel nicht größer sein können. Wie der schon erwähnte Text aus Qumran belegt, haben die Juden zur Zeit Jesu genau verstanden, womit man es in Jesaja 61,1-2 zu tun hat. Tatsächlich gab es in Israel damals die Erwartung, dass bei diesem Gnadenjahr nicht nur ein Jubeljahr, sondern sogar ein ganz besonderes Jubeljahr gemeint war. Man sah darin ein Jubeljahr, das nicht nur einen Sabbatjahr-Zyklus abschloss, sondern auch ein Jahr, das einen Zyklus von zehn Jubeljahr-Zyklen abschloss! Das Gnadenjahr war damit nicht nur der Abschluss und Höhepunkt von 49 Jahren, sondern von 490 Jahren und damit ein sehr besonderes Jahr einer langen Zeitspanne. Doch wie kam es zu dieser Erwartung? Hat sie biblische Anhaltspunkte?

Zwei Prophetien mit 490 Jahren

Tatsächlich findet man in der Geschichte Israels mehrere dieser *Superzyklen* von 490 Jahren. Und dass diese keinesfalls nebensächlich waren, wird daraus ersichtlich, dass es im Alten Testament gleich zwei Prophetien gibt, die mit solchen Superzyklen zu tun haben.

Eine dieser Stellen steht im Buch Jeremia und handelt davon, dass die Zeit des babylonischen Exils genau 70 Jahre dauern sollte (Jer 25,11). Das erfüllte sich zwischen der Eroberung Jerusalems durch Nebukadnezar im Jahr 605 v. Chr. und der Befreiung Israels durch den persischen König Kyrus im Jahr 536/5 v. Chr., was genau 70 Jahren entspricht.[2] Interessant ist hier die Begründung dieses 70 Jahre währenden Exils: Da Israels Ungehorsam dazu führte, dass auch die Sabbatjahre nicht beachtet wurden, erzwingt Gott eine Ruheperiode, in denen die verlorenen Sabbatjahre nachgeholt werden (2Chr 36,21; vgl. 3Mo 26,34-35.43). Die 70 Jahre des Exils sind also 70 nachgeholte Sabbatjahre. Das aber heißt nichts anderes, als dass Gott eine Periode von 490 Jahren für den Ungehorsam Israels ansetzt. Diese umfassen die gesamte Zeit des Königtums und stellen eine Superperiode von zehn Sabbatjahr-Zyklen dar.

Die Rechnung in großen Einheiten von 490 Jahren liegt auch einer anderen Prophetie zugrunde, die Daniel im babylonischen Exil bekommt. Er erforscht nämlich eben jene Stelle aus Jeremia 25,11, in der von den 70 Jahren die Rede ist, und erwartet somit nach dem Ablauf dieser Jahre eine große Zuwendung Gottes zu Israel. Und während er darüber nachdenkt und betet, gibt Gott ihm eine erstaunliche Zusage: So wie Israel nach 70 Jahren Exil zurückkehren darf und eine neue Zeit beginnt, wird es 70 Jahr*wochen,* also 490 Jahre, dauern, bis noch weit größere Ereignisse geschehen. Gott gibt Daniel damit nicht nur Hoffnung auf die Rückkehr Israels in sein Land und auf den Wiederaufbau Jerusalems (Dan 9,25), sondern auch noch weit darüber hinaus! Es wird nichts weniger als der Abschluss der Geschichte Israels vorausgesagt in einer Zeit, nach der so etwas wie eine Vollendung erreicht werden wird. Es soll nämlich „das Verbrechen zum Abschluss gebracht, den Sünden ein Ende gemacht, die Schuld gesühnt, eine ewige Gerechtigkeit eingeführt, Vision und Propheten versiegelt und ein Allerheiligstes gesalbt werden, … und ein Gesalbter" wird kommen (Dan 9,24-25). Nach den 490 Jahren erwartete man also eine Periode wie in einem Jubeljahr – Erlösung und Friede –, und zwar so umfassend, dass man eigentlich von einem Super-Jubeljahr sprechen müsste. Und das „Gnadenjahr des HERRN" wurde zur Zeit Jesu als Ankündigung genau dieses Super-Jubeljahres verstanden und deshalb mit großen Erwartungen verbunden. Und genau deshalb lagen zur Zeit Jesu auch große Erwartungen in der Luft, denn es war offensichtlich, dass dieses Jahr bald anstand. Doch woher wussten die Menschen das?

Zeitrechnung

Eine Berechnung dieses Super-Jubeljahres war möglich, weil es einen klaren Startpunkt dafür gab. Dieser lag im Jahr 464 v. Chr., weil in diesem Jahr gemäß der jüdischen Tradition die Berechnung der Sabbat- und Jubeljahre durch Esra nach dem Exil neu eingeführt worden war.[3] Auch wenn wir für dieses Jahr als Startpunkt nur außerbiblische Indizien haben, ist er keinesfalls willkürlich. Denn die bisherige Geschichte Israels gliederte sich in genau zwei solche großen 490-Jahrzyklen, von denen der zweite genau im Jahr 465 v. Chr. beendet ist. Und jeder dieser Zyklen hat am Anfang und Ende äußerst markante Punkte. Der Beginn dieser Rechnung ist der Auszug aus Ägypten, mit dem die Rechnung der Jubeljahre überhaupt beginnt.[4] Das Ende des ersten Zyklus von 490 Jahren ist damit genau in der Zeit erreicht, die den Höhepunkt der alttestamentlichen Geschichte schlechthin bildet, nämlich die Glanzzeit unter dem Sohn Davids, Salomo. Der Tempel ist frisch eingeweiht,[5] die Verheißung des Landes und einer großen Nachkommenschaft an Abraham ist nun erstmals augenfällig erfüllt (1Kö 4,20–5,1)[6], und es ist eine Zeit des besonderen Segens unter der Herrschaft des Sohnes Davids.[7] Und von diesem Jahr aus kommt man nach weiteren 490 Jahren in das Jahr 465 v. Chr., das den Abschluss dieser Periode markiert. Und das darauffolgende Jahr war eben jenes Jahr, in dem die Sabbat- und Jubeljahr-Zyklen nach dem Exil neu eingesetzt wurden.

Mit dem Jahr 464 v. Chr. begann also eine neue Zeitrechnung, die für eine neue Zeit stand. Neubeginn, Aufbruch, große Erwartungen standen nach der schlimmen Erfahrung des Exils im Vordergrund. Israel wollte alles besser machen, und die Zeit schien reif. Man wartete außerdem darauf, dass sich die Verheißungen Gottes erfüllten. Denn die Propheten sprachen davon, dass nach dem Exil eine Zeit großen Segens kommen würde und der Sohn Davids, der Messias, der König Israels kommen und alles gut machen würde. Doch wann würde er endlich kommen?

Nun endlich: Die dritte Periode wird erfüllt

Die Rechnung von 490 Jahren und das Gnadenjahr in Jesaja 61,1-2 waren den Juden zur Zeit Jesu nicht nur sehr präsent, sondern auch höchst wichtig. Es gibt in vielen jüdischen Schriften aus der Zeit Jesu Spekulationen, wie genau sie sich wohl erfüllen würden, aber besondere Erwartungen knüpften sich an das Ende der 490 Jahre.[8] Und so zählte man vom Jahr 464 v. Chr. an die Jubeljahr-Zyklen. Man zählte und wartete und zählte und wartete – bis dann endlich das erwartete Jahr kam. Wir schreiben das Jahr 26 n. Chr. in Israel. Das war es nun, das 490. Jahr des dritten Superzyklus, das in der Tat ein ganz besonderes war.

Sowohl das Sabbatjahr als auch das nachfolgende Jubeljahr begannen immer im Herbst, womit also genau im Herbst des Jahres

26 n. Chr. das besondere Sabbatjahr anbrach. Genauer gesagt war es der 10. Tischri des jüdischen Jahres, der nach dem heute verwendeten Kalender dem Monat September im Jahr 26 n. Chr. entspricht. Man erwartete Großes in diesem Jahr. Und das kam dann auch: Es kam eine Art neuer Elia in der Wüste, der wie einst Elia mit einem Kamelhaarmantel bekleidet war (Mk 1,6; vgl. 2Kö 1,8) und den Anbruch einer neuen Zeit verkündete. Er trat im Herbst dieses besonderen Sabbatjahres auf, wie wir anhand der Informationen in Lukas 3,1 nachrechnen können.[9] Scharen strömten zu ihm und ließen sich im Jordan taufen. Wir kennen diesen neuen Elia unter dem Namen „Johannes der Täufer". Genau in diesem Jahr trat dieser auf und verkündete den Messias, rief zu Buße und Vorbereitung auf (Lk 3,1-3). Viele Menschen waren fasziniert, denn diese Ankündigung entsprach genau ihren Erwartungen. Endlich war sie gekommen, die neue Zeit! Wen wundert es, dass die Stimmung zu dieser Zeit aufgeladen und hoffnungsvoll war? War Johannes selbst etwa schon der Messias? „Nein", sagt er, „Ich bin die ‚Stimme eines Rufenden in der Wüste: Macht gerade den Weg des Herrn, wie Jesaja, der Prophet, gesagt hat'" (Joh 1,20-23). Er nimmt die Worte aus dem Propheten Jesaja, die das Kommen des Messias ankündigen, und weist auf ihn hin: „Es kommt aber ein Stärkerer als ich, und ich bin nicht würdig, ihm den Riemen seiner Sandalen zu lösen" (Lk 3,16). Es war offensichtlich, dass große Ereignisse in der Luft lagen.

Der Messias kommt

Und tatsächlich überschlagen sich nun die Ereignisse. Das 490. Sabbatjahr des dritten Superzyklus ist noch keine drei Monate alt, da betritt eine weitere Person die Bühne: Ein gewisser Jesus von Nazareth geht zu Johannes und lässt sich taufen. Davon nimmt zu diesem Zeitpunkt aber kaum jemand Notiz. Und kurze Zeit später kommt sogar ein herber Rückschlag: Johannes, der neue Elia, wird ins Gefängnis geworfen (Lk 3,19-20). Noch bevor das Sabbatjahr vorbei ist, hört man von Gefangenschaft und Unterdrückung statt von Erlösung und Freilassung der Gefangenen! Doch umso mehr richtet sich nun die Aufmerksamkeit auf Jesus. Und obwohl er noch nicht im großen Stil öffentlich auftritt, sorgt er schon derart für Aufsehen, dass nicht wenige tatsächlich das Auftreten des „Gesalbten", also des Messias, in ihm sehen (Joh 1,41.49; 4,25.29). Und Johannes der Täufer kann es ja nun wirklich nicht sein, oder sollte man etwa erwarten, dass der Messias gefangen genommen werden kann? Unmöglich – so dachte man jedenfalls.

Und was immer in diesem Sabbatjahr nun geschah, das vom Herbst 26 n. Chr. bis zum Herbst 27 n. Chr. ging – das Eigentliche sollte erst noch kommen. Denn das Jubeljahr begann ja erst nach Vollendung der 490 Jahre. Und mit dem folgenden Jahr, also dem Jahr vom Herbst 27 n. Chr. bis zum Herbst 28 n. Chr., kam das Jubeljahr. Und was für eins! Es war das Jubeljahr von 49 Jahren, aber es war auch das Super-Jubeljahr nach den 490 Jahren neuer Zeitrechnung, und es war außerdem das dritte Super-Jubeljahr nach dem Exodusjahr, also der Nachfolger von so großen Super-Jubeljahren wie der Vollendung zur Zeit Salomos, der Vollendung der Rückführung und dem Neubeginn zur Zeit Esras. Also kurzum: Man erwartete nichts weniger als das Mega-Super-Jahr der drei Super-Jubeljahre. Ein Mega-Super-Jubeljahr! Und dann kam es endlich. Es begann nach jüdischer Tradition am 10. Tischri, also dem großen Versöhnungstag. Mit dem Schall der Posaune wurde es verkündet.

Das Gnadenjahr des HERRN

Und zu diesem Zeitpunkt im Herbst des Jahres 27 n. Chr., also zum Beginn des Super-Mega-Jubeljahres, steht Jesus in der Synagoge in Nazareth und liest aus den Schriften vor.[10] Und zwar nicht irgendeinen Text, sondern *genau den Text,* der dieses Super-Mega-Jubeljahr im Alten Testament bereits ankündigte, nämlich den Text aus Jesaja 61,1-2. Dass Jesus den Text „findet" (Lk 4,17), lässt nur den Schluss zu, dass er in der Jesajarolle der Synagoge gezielt danach gesucht hat. Es ist einfach nur passend, zu dieser Zeit – dem Beginn des Jubeljahres – diesen Text zu lesen. Spannend wird es aber erst, als sich Jesus der Tradition gemäß wieder setzt, um den Text zu erklären: „Und als er das Buch zugerollt hatte, gab er es dem Diener zurück und setzte sich; und aller Augen in der Synagoge waren auf ihn gerichtet" (Lk 4,20).

Spannung pur! Wie wird der gerade bekannt gewordene Rabbi Jesus diesen Text auslegen? Die Leute sind erwartungsvoll, starren Jesus gebannt an. Sie wollen endlich wissen, worin nun die große Erfüllung besteht. Hat Gott sein Volk vergessen, oder würde es tatsächlich in diesem besonderen Jahr die entscheidende Wende geben? – Sicher, es gibt diese Ereignisse um Johannes den Täufer, der bis in die höchsten Königskreise einiges an Aufruhr bewirkt. Sogar Herodes hat von ihm gehört und ihn mittlerweile sogar gefangen genommen (Lk 3,19-20). Aber ansonsten geht alles seinen normalen Gang. Immer noch ziehen hin und wieder römische Soldaten durchs Land, die Steuern werden weiter an den römischen Kaiser bezahlt, und immer noch gibt es Arme, Unterdrückte und Geknechtete in Israel. Einige sitzen sicher auch an diesem Sabbat in der Synagoge in Nazareth, die nun wirklich nicht bedeutend war. In der größeren Stadt Kapernaum war die Synagoge deutlich prächtiger und schöner gebaut, ein Bauwerk zum Hinschauen. Doch wer sich an diesem Sabbat in Nazareth aufhält, kann oder will nicht in eine der bedeutenden Synagogen des Landes. Man erwartet nicht mehr viel, hofft aber dennoch auf alles.

„Heute ist dieses Wort erfüllt!" (Lk 4,21)

Und als alle mit diesen Gedanken im Kopf auf Jesus starren, beginnt er seine Rede mit einem Paukenschlag: „Heute ist diese Schrift vor euren Ohren erfüllt" (Lk 4,21)! Das war mehr, als man sonst in einer Synagoge hören konnte. Schon zu sagen: „Dieses Wort ist erfüllt", wäre entweder Blasphemie oder ein Paukenschlag gewesen. Aber hinzuzufügen, dass das nicht nur für die Vergangenheit galt, auch nicht irgendwie für die Zukunft so sein soll, sondern gerade „heute" *geschieht,* war unerhört. Das Wort „heute" ist hier keine Floskel, sondern wird absichtlich verwendet und im Griechischen sogar zur Betonung vorangestellt. Man kann es nicht überhören. Erst vor dem Hintergrund der Ereignisse des beginnenden Jubeljahres – des zehnten nach dem Exil – kann man verstehen, warum die Leute Jesus nicht gleich steinigen, sondern ihm erst begeistert zuhören. So etwas zu irgendeiner beliebigen Zeit zu sagen, hätte als Respektlosigkeit, sozusagen als billiger Spott auf Kosten des Propheten Jesaja oder Gottes gegolten. Doch an *diesem* Sabbat, der nach allem, was wir wissen, fast exakt auf den Beginn des Jubeljahres fiel, kann jeder etwas damit anfangen. Denn es *war* nun einmal genau diese Zeit, zu der man sagen konnte, dass dieses Mega-Super-Jubeljahr erfüllt war. Was Jesus sagt, bringt also Wasser auf die Mühlen messianischer Erwartungen, der großen Hoffnung Israels. Natürlich ist damit alles und zugleich nichts gesagt. Denn was genau soll es heißen, dass diese Worte „heute erfüllt" sind? Natürlich denken die Zuhörer sofort daran, dass eben jetzt dieses besondere Gnadenjahr beginnt. Aber wie genau die Erfüllung aussehen soll, hat Jesus noch nicht gesagt. Und genau das war doch entscheidend: Wollte Jesus nur durch bekannte Floskeln die großartigen Hoffnungen alter Prophezeiungen in den Herzen warm halten, ohne wirklich Neues für die Gegenwart anzukündigen? Oder hat tatsächlich etwas Neues begonnen, genau wie es Jesaja einmal gesagt hat (Jes 43,19): „Siehe, ich bewirke Neues! Jetzt sprosst es auf. Erkennt ihr es nicht?" Genau das will natürlich jeder wissen. Die gute Nachricht ist: Sie sollten es erfahren, denn Jesus antwortet genau auf diese Frage. Die schlechte Nachricht ist: Als Bibelleser bleibt man im Dunkeln, Lukas teilt uns nichts von dem mit, was Jesus noch weiter sagt. Wir erfahren nur, dass er diesen Text erklärt haben *muss*, denn Lukas sagt, dass Jesus „anfing" zu reden (Lk 4,21), obwohl uns nur ein einziger Satz dieser Rede genannt wird. Jesus muss also noch länger darüber gesprochen haben, was es genau meint, dass diese Worte „heute erfüllt" sind. Aber der genaue Inhalt der Predigt scheint hier nicht bedeutsam zu sein, denn wir kennen die Zusammenfassung. Offenbar war der Inhalt der Rede, auf einen Satz gebracht, eben genau dies: Heute ist das Wort aus Jesaja 61 erfüllt.

Begeistertes Tuscheln

Das lässt die Zuhörer allerdings mit gespaltenen Gefühlen zurück. Einerseits macht das, was Jesus sagt, Mut. Er redet auf eine Weise, ja, mit einer Vollmacht, die man so noch nie gehört hat. Allen ist klar, dass hier Gott selbst am Wirken ist. Um die Reaktion der Leute zu beschreiben, verwendet Lukas hier in einem einzigen Vers gleich mehrfach das Imperfekt, um einen sehr plastischen Effekt zu erzielen. Man könnte das etwas freier so wiedergeben:

> *Und überall gaben die Leute ihm immer wieder Zeugnis und wunderten sich fortwährend über diese Worte der Gnade, die immer weiter aus seinem Mund hervorgingen. Und sie redeten durcheinander, indem ständig einer fragte: „Ist das nicht der Sohn Josefs?" (Lk 4,22)*

Während der Rede Jesu herrschen also unterschwellige Aufregung und ständiges Getuschel. Man hat hier eine lebhafte Szene vor sich, bei der die Leute regelrecht aus dem Häuschen sind. Wer einmal in einem kleinen Dorf gewohnt hat, kennt das typische Dorfgerede, das sich über jede Kleinigkeit sofort ausbreitet. Doch das hier war anders, eine neue Stufe. Überall tuscheln die Leute, reden durcheinander, stoßen sich an und zeigen heimlich nach vorne zu Jesus. Andere starren einfach nur fasziniert zu ihm hin (Lk 4,20), weil sie den Sohn des Baumeisters Josef nun irgendwie zum ersten Mal richtig zu hören scheinen, obwohl sie ihn schon von Kind auf kennen. Was geht hier vor sich? Ist *das* der Beginn einer neuen Zeit? Denn allen ist klar: Was in der Prophezeiung Jesajas als „Gnadenjahr" angekündigt ist, wird hier in den „Worten der Gnade" (Lk 4,22) sichtbar. Gnade ist da, so viel ist sicher.

Stirnrunzeln

Aber das ist nicht alles. Es gibt auch Widerspruch, jedenfalls deutet das Lukas an, auch wenn es in deutschen Übersetzungen nicht so deutlich ausgedrückt wird. Denn das Wort „bezeugen" („sie gaben ihm Zeugnis" in Lk 4,22) meint in dieser Formulierung eigentlich, *gegen* jemanden zu sprechen, ihn also gerichtlich zu überführen.[11] Zwar ist dieses Wort auch ein Lieblingswort des Lukas, um die positiven Reaktionen von Leuten gegenüber Jesus oder dem Evangelium zu beschreiben, aber wenigstens an dieser Stelle kann man durchaus fragen, ob die Leute *nur* begeistert von dem sind, was Jesus sagt. Ähnlich doppeldeutig ist ein anderes Wort, das im Deutschen häufig mit „erstaunen" übersetzt wird und ebenfalls beginnende Ablehnung signalisieren kann.[12] Die Leute sind elektrisiert, weil sie sich nicht sicher sind, ob hier Blasphemie oder höchste göttliche Erfüllung geschieht. Zwischen beides passt nur eine scharfe Messerschneide, so dicht liegt beides beisammen, und so schnell kann der Eindruck von einem zum anderen umschlagen. Alles hängt davon ab, was Jesus nun weiter sagen wird. Es geht um nichts weniger als um die Frage, ob er sich mit diesem ungeheuerlichen Anspruch, dass durch *ihn in Person* dieses Gnadenjahr nun da ist, legitimieren kann. Kann er ein Wunder oder ein großes Zeichen tun, um sich auszuweisen?

Worte des Gerichts

Was Jesus nun wirklich sagt, bringt die Leute noch mehr aus der Fassung und führt zu einer plötzlichen Entladung der durch Begeisterung und Verwunderung angespannten Stimmung:

> *Und er sprach zu ihnen: Ihr werdet jedenfalls dieses Sprichwort zu mir sagen: Arzt, heile dich selbst! Alles, was wir gehört haben, dass es in Kapernaum geschehen sei, tu auch hier in deiner Vaterstadt! Er sprach aber: Wahrlich, ich sage euch, dass kein Prophet in seiner Vaterstadt angenehm ist. In Wahrheit aber sage ich euch: Viele Witwen waren in den Tagen Elias in Israel, als der Himmel drei Jahre und sechs Monate verschlossen war, sodass eine große Hungersnot über das ganze Land kam; und zu keiner von ihnen wurde Elia gesandt als nur nach Sarepta in Sidon zu einer Frau, einer Witwe. Und viele Aussätzige waren zur Zeit des Propheten Elisa in Israel, und keiner von ihnen wurde gereinigt als nur Naaman, der Syrer. (Lk 4,23-27)*

So viel ist sicher: Jesus spricht hier ziemlich deutlich von Ablehnung und Gericht, indem er die Zuhörer in Nazareth mit den ungläubigen Menschen zur Zeit von Elia und Elisa vergleicht. Das haben die Leute auch sehr genau verstanden, wie ihre aufgebrachte Reaktion noch zeigen wird, denn „alle in der Synagoge wurden von Wut erfüllt, als sie dies hörten“ (Lk 4,28). Diese plötzliche Wende wirkt merkwürdig. War nicht eben noch alles gut, und nun droht die Stimmung in Widerstand umzuschlagen? Wieso redet Jesus so plötzlich von Gericht, wo es doch gerade um das Gnadenjahr und die Erlösung ging? Man könnte vermuten, dass die Antwort wiederum in Jesaja 61,1-2 liegt, und genauso ist es. In dem von Jesus zitierten Text ist nämlich nicht nur vom Gnadenjahr des Herrn die Rede, sondern auch von Gericht und dem „Tag der Rache“ (Jes 61,2). Doch bevor man darin schon eine ausreichende Erklärung für den plötzlich veränderten Ton erblickt, muss man fragen, was genau damit gemeint ist. Wie passen „Gnadenjahr“ und „Tag der Rache“ in Jesaja 61 zusammen?

Gnade und Gericht

Der Text in Jesaja 61,2 stellt das „Gnadenjahr des HERRN“ und den „Tag der Rache für unseren Gott“ unmittelbar zusammen. Der Messias bringt nach diesen Versen also *beides* – Erlösung und Gericht. Diese Stelle ist häufig falsch verstanden worden, indem man sie auf ein Gericht bezog, das noch nicht durch Jesus gekommen wäre. Dahinter steht der Gedanke, Jesus hätte absichtlich das Zitat vor den Worten „Tag der Rache des HERRN“ abgebrochen, weil sich das auf eine andere Zeit bezöge. Obwohl das den Gegensatz zwischen Gnade und Gericht scheinbar auflöst, ist diese Erklärung ziemlich unwahrscheinlich. Denn zum einen wissen wir gar nicht, wie viel Text Jesus wirklich aus Jesaja 61 gelesen hat, schließlich könnte das Zitat aus Jesaja 61,1-2 ebenso eine Zusammenfassung von Lukas sein, wie der Satz „Heute ist diese Schrift vor euren Ohren erfüllt“ in Lukas 4,21 die Zusammenfassung der viel längeren Predigt Jesu ist. Und zum anderen ist die Tatsache, dass das Zitat gerade den Teil vom „Tag der Rache“ nicht mehr enthält, nicht wirklich ausschlaggebend. Denn der Auszug lässt auch einen anderen Teilsatz weg, nämlich den Satz: „und zu heilen, die gebrochenen Herzens sind“ (Jes 61,1)[13] – sollte man daraus etwa schließen, dass Jesus diesen Teil bewusst nicht zitiert hat, weil er *nicht* gekommen ist, um die gebrochenen Herzen zu verbinden? Sicher nicht. Außerdem ist in dem Zitat noch eine Zeile einer anderen Stelle aus Jesaja 58,6 eingebaut, nämlich die Worte: „Zerschlagene in Freiheit zu entlassen“ – will Jesus damit sagen, dass das Zitat aus Jesaja 61,1-2 *unvollständig* ist? Oder zitiert er bewusst nur exakt diese Worte aus dem Vers von Jesaja 58,6 und lässt dagegen die direkt vorangehenden Worte aus Jesaja 58,6 bewusst weg (nämlich: „ungerechte Fesseln zu lösen, die Knoten des Joches zu öffnen“), weil er die ungerechten Fesseln und die Knoten des Joches *nicht* lösen möchte? Sicher nicht. Selbst wenn also Jesus das Zitat tatsächlich vor dem „Tag der Rache“ abgebrochen hat (was wir nicht wissen), sagt das allein noch nicht aus, dass er kein Gericht bringen wird. Im Gegenteil: Man kann das Zitat aus Jesaja 61,1-2 gar nicht anders verstehen, als dass das Gnadenjahr nur dann kommen kann, wenn es *zeitgleich* auch ein Gericht gibt. Das hat damit zu tun, dass eine Freilassung der Gefangenen im Gnadenjahr des HERRN nur dann möglich ist, wenn gleichzeitig derjenige, der die Gefangenen nicht freiwillig gehen lässt, gerichtet wird. Das kommt sehr deutlich dadurch zum Ausdruck, dass man den „Tag der Rache“ im Buch Jesaja nur noch an zwei weiteren Stellen findet, von denen eine im größeren Zusammenhang direkt parallel zu Jesaja 61,1-2 ist:[14] „Denn der Tag der Rache war in meinem Herzen und das Jahr meiner Erlösung war gekommen“ (Jes 63,4).[15] Hier wird dasselbe Wort verwendet, das in 3. Mose 25 von der „Erlösung“ als der Rückführung des Eigentums gebraucht wird, sodass man auch diese Stelle als eindeutigen Bezug auf das Jubeljahr verstehen muss. Sowohl hier als auch in Jesaja 61,2 ist also das Jubeljahr mit dem „Tag der Rache“ verbunden. Daran führt also kein Weg vorbei, allerdings wünscht man sich immer noch ein paar Erklärungen dazu, wie genau diese beiden Aspekte zusammengehören. Glücklicherweise beantwortet der Text auch noch diese Frage.

Zwei Illustrationen

Der Text von Jesaja 61 enthält selbst schon zwei Illustrationen, damit wir das scheinbar widersprüchliche Zusammengehören von Gnade und Gericht, also die Verbindung von Gnadenjahr und Rachetag, verstehen. Die erste Illustration macht den Zusammenhang von Erlösung und Gericht einleuchtend, wenn man sich vor Augen führt, dass die gesamte Botschaft in Jesaja 40–66 eine Art neuen Exodus beschreibt und die Erlösung der Gefangenen auf genau die Weise schildert, wie damals beim Auszug aus Ägypten die Befreiung geschah: nämlich durch Gericht am Pharao und allen, die nicht das Blut des Passahlammes als Zeichen des Glaubens an ihre Türpfosten strichen (2Mo 12,11-13). Gnade und Gericht sind zwei Seiten derselben Medaille. Das Gericht fällt hier auf zwei Arten von Menschen: Wer sich entweder gegen die Befreiung Gottes stellt (wie die Ägypter) oder die Befreiung Gottes nicht in Anspruch nimmt, kommt unter *dasselbe* Gericht. Dieses Gericht ist erstaunlicherweise sowohl die Ursache der Rettung als auch die Folge deren Ablehnung. Doch es ist offensichtlich, dass Gericht und Erlösung hier untrennbar verbunden sind: Ohne Gericht über die einen keine Erlösung für die anderen, und das Nichtannehmen der Erlösung bedeutet ebenfalls Gericht.

Die zweite Illustration liegt in der Anspielung auf das Jubeljahr: Der Kerngedanke des Jubeljahres ist ja die Erlösung als die *Rückführung des Eigentums*. Doch wo es einen Gewinner gibt, gibt es auch Verlierer: Der neue Besitzer eines Landstückes oder eines Sklaven muss Land und Leute freigeben - ob er will oder nicht. Nicht alle können also im Jubeljahr lachen, denn es lachen vor allem die Sklaven, die Armen und die Gefangenen, nicht aber die Reichen, Mächtigen und Sklavenhalter. Wer sich auf die Befreiung einlässt, kann sich mit dem freigelassenen Sklaven mitfreuen. Wer sich aber der von Gott angeordneten Befreiung entgegenstellt, wird zum Schluss nicht glücklich sein - im schlimmsten Fall bekommt er es mit Gott und seiner Rache zu tun.[16] Was hier schon angedeutet ist, wird durch einen zusätzlichen zeitlichen Zusammenhang noch bestärkt: Das Blasen des Jobelhornes zur Einleitung des Jubeljahres findet genau an dem Tag statt, der in Israel auch als der „Große Versöhnungstag“ bekannt ist (siehe 3Mo 25,9 und 16,29-34). Zufall? Wohl kaum. Offenbar hängen die Sühnung der Sünden und die Reinigung des Heiligtums eng mit der Freilassung zusammen. Es ist, als ob damit zum Ausdruck gebracht wird: Erst dort, wo die Sünden des Volkes gesühnt und von einem „Sündenbock“ in die Wüste weggetragen werden, können Freilassung, Loskauf und Erlösung geschehen. Auch hier sieht man eine sehr faszinierende doppelte Bedeutung des Gerichts: Es ist einerseits *Ursache und Voraussetzung* für die Freilassung (im Opfer des Großen Versöhnungstages), andererseits aber auch *Folge* für die, die sich gegen Gottes Befreiung stellen. Interessant ist aber in beiden Fällen, dass es ein Opfer ist, das stellvertretend für die Israeliten stirbt und so die Freilassung überhaupt erst möglich macht.

Zurück zu Jesus

Der Text in Jesaja 61,1-2 spricht also davon, dass Gericht und Erlösung untrennbar miteinander verbunden sind. Dass das Gnadenjahr für die einen Gnade, für die anderen aber Rache und Gericht bedeuten wird, betont Jesus nicht nur an vielen Stellen seiner anderen Reden,[17] sondern auch in dieser besonderen Rede in der Synagoge in Nazareth. Für die, die den Messias erwarten, wird es ein Gnadenjahr sein. Für diejenigen aber, die sich gegen ihn stellen, wird es ein Tag der Rache sein. Damit wird allmählich eine Antwort auf die Frage sichtbar, weshalb Jesus im Kontext des Gnadenjahres scheinbar so unvermittelt von Gericht redet. Jesus redet deshalb von Gericht, weil dies im Text von Jesaja 61 so steht. Doch damit ist der Skandal noch nicht erklärt, schließlich kannten die Menschen damals den Text und auch den „Tag der Rache“. Sie hatten damit aber wenig Probleme, schließlich sahen sie sich ganz automatisch als diejenigen, die auf der Seite des Messias stehen würden, während sie die Nachbarvölker in der Rolle derjenigen sahen, die den „Tag der Rache“ zu spüren bekommen sollten. So gesehen ging der Text immer noch runter wie Öl. Doch das Ungeheuerliche ist, dass Jesus die Grenze nicht einfach zwischen Israel und den Nachbarvölkern zieht, also Gnade für Israel und Rache für andere Völker wie etwa Syrien oder Sidon. Sondern er zeigt, dass die Grenze zwischen Gnade und Rache mitten durch Israel verläuft - und auch mitten durch Syrien oder durch die Stadt Sidon und die Stadt Nazareth! Denn auch in Syrien gibt es jemanden wie „Naaman den Syrer", der geheilt nach Hause zurückkehrt, und Leute wie Elisa, der Gott treu ist (Lk 4,27). Ebenso gibt es „in Sidon eine Frau, eine Witwe", zu der Elia kommt, während es „viele Witwen in Israel" gibt, die eher Gericht als Erlösung zu spüren bekommen (Lk 4,25-26). Jesus sagt damit, dass er zwar das Gnadenjahr des HERRN als das Mega-Super-Jubeljahr bringt, diese geniale Botschaft aber nicht wirksam werden kann, wenn man sich nicht als Gefangener, sondern lieber als Reicher, als Mächtiger oder in keinem Sinne Hilfsbedürftiger sieht. Wer in einer drängenden Haltung versucht, Jesus durch eine Zeichenforderung zu beurteilen (vgl. Lk 4,23), statt seine Skepsis aufzugeben und demütig auf Hilfe zu warten (wie die Witwe in Sidon oder Naaman der Syrer), für den ist das Gnadenjahr unwirksam. Jesus bemerkt also das Zögern und Entsetzen der Zuhörer, als er davon spricht, dass die Erfüllung der Zeit jetzt und hier *in seiner Person* gekommen ist. Jesus weiß genau, dass die Forderung nach einem Zeichen letztlich eine Form des Unglaubens ist. Und er weist genau darauf hin, was schon in Jesaja 61 steht: dass Gottes Handeln an Israel in diesem Mega-Super-Jubeljahr für *alle Völker* (Jes 61,9), also auch für die Leute in Sidon und Syrien, zu einem willkommenen Zeichen werden wird, während manche in Israel leer ausgehen werden. Und traurigerweise ist es die beste Botschaft der Welt, die von manchen als die größte Blasphemie gedeutet wird.

Der Vorwurf der Blasphemie

Für die Zuhörer ist die Lage klar: Die Entscheidung zwischen „Blasphemie" und „größtmöglichem Segen Gottes" ist gefallen. Die Leute werden „von einer Wut erfüllt" (Lk 4,28), die sich augenblicklich entlädt. Sie springen auf, zerren Jesus von dem Lehrstuhl der Synagoge ins Freie und stoßen ihn in Richtung eines Abhangs bei der kleinen Stadt Nazareth (Lk 4,29). Sie wollen ihn nach jüdischer Sitte wegen Blasphemie durch Steinigung töten. Es war zur Zeit Jesu durchaus üblich, dass man eine Person vor der Steinigung von einem Abhang stürzte, um sie dadurch bereits zu töten oder schwer zu verletzen, bevor man die Steine warf.[18] Doch genauso unheimlich, wie dieser Synagogengottesdienst angefangen hat, endet auch die Szene: „Jesus aber schritt durch ihre Mitte hindurch und ging weg" (Lk 4,30). Genau das ist der Beginn dieses lang erwarteten, aber dann zurückgewiesenen Gnadenjahres.

Wie es weitergeht

Was nun in den nächsten Monaten geschieht, erfüllt noch mehr Prophetien aus dem Alten Testament. Jesus durchzieht ganz Israel und verkündet auch in den Gebieten der Nachbarländer – der Dekapolis, Sidon und Tyrus – diese „gute Botschaft" und bringt vielen Menschen Rettung, Heilung und Befreiung – also genau das, was in Jesaja 61,1-2 verheißen ist und was er in Nazareth vorhergesagt hat. Und auch seine Andeutung, dass er in Israel nur von einem Teil der Menschen mit offenen Armen empfangen wird, erfüllt sich. Schließlich wird Jesus durch einen Komplott der jüdischen Autoritäten gefangen genommen und der römischen Besatzungsmacht zur Kreuzigung überliefert. Was ist nun aus dem Gnadenjahr des HERRN geworden? Ist es so schnell vorbei, wie es gekommen ist? Nein, ist es nicht. Denn gerade durch das, was nun mit Jesus geschieht, erfüllt es sich.

Das Jubeljahr erfüllt sich

Schon in Jesaja 61,1-2 gibt es einen kleinen, aber bedeutenden Hinweis auf das Verhältnis vom „Gnadenjahr des HERRN" zu dem „Tag der Rache": Während die Gnade ein ganzes *Jahr* dauert, währt die Rache deutlich kürzer, nämlich nur einen *Tag*. Es ist kaum Zufall, dass dieser Kontrast hier so formuliert wird. Und es ist auch kein Zufall, dass es sich genau so bei Jesus erfüllen wird: Es gibt einen

Tag der Rache, an dem der zum Tod Verurteilte als Fluch Gottes am Kreuz hängt (Gal 3,13). Doch hier gibt es eine zweite Überraschung: Die Rache vollzieht sich nämlich zunächst gar nicht an den Israeliten, die Jesus ablehnen, sondern an Jesus! Der *Tag*, an dem sich der Himmel verdunkelt, die Erde bebt und die Sonne ihren Schein nicht gibt, ist der Tag, an dem Jesus stirbt (Lk 23,44). *Das* ist der Tag der Rache. Und er bewirkt, dass für eine viel längere Zeit, für eine weit überfließende Zeit des Segens das Gnadenjahr nicht einfach nur im Jahr 27/28 n. Chr. kommt, sondern gewissermaßen immer noch andauert. Denn die Botschaft der Erlösung dringt erst nach dem Tod Jesu in die ganze Welt hinaus und wird bis heute verkündet.

Der Exodus erfüllt sich

Auch die Verbindung zwischen Versöhnungstag und Gnadenjahr wird nun sichtbar: Was Jesus als besonderes Jahr verkündet, ist in Wirklichkeit nur der Beginn von etwas Größerem. Es schließt ein vollkommenes Opfer ein, das eine dauerhafte Sühne der Sünden bringt, sozusagen den perfekten Großen Versöhnungstag. Und auch die Zeit, zu der das geschieht, ist keineswegs zufällig. Hingen Gnade und Gericht nicht gerade durch die Exodus-Ereignisse zusammen, bei denen am 14. Nisan jüdischer Zeitrechnung das Passahlamm geschlachtet wurde, sodass die Befreiung möglich wurde? Als Jesus am Kreuz stirbt, ist eben gerade Passahzeit.[19]

Die Vollendung der Zeit

Jesus ist die Erfüllung der Zeit, er ruft das Mega-Super-Jubeljahr aus, das in Jesaja 61 das „Gnadenjahr des HERRN" genannt wird. Eine Zeit des Segens, der für Israel, aber auch für viele Völker dieser Erde spürbar wird und sich in Jesus als Person erfüllt. Er ist die Mitte der Zeit und die Erfüllung dessen, was Gott plant und ausführt. Wen wundert es, dass Paulus in Galater 4 davon spricht, dass Jesus nicht zu einem beliebigen Zeitpunkt der Geschichte auftrat, sondern „als … die Fülle der Zeit kam" (Gal 4,4), „damit er die loskaufte", die vorher „Sklaven“ und „unter die Elemente der Welt versklavt waren“ (Gal 4,3.7). Denn er kam und brachte im dritten Superzyklus das Mega-Super-Jubeljahr, das Gnadenjahr, um die Schrift zu erfüllen und Rettung zu ermöglichen. Und das nicht irgendwann, sondern – wie Paulus es ausdrückt – in der „Fülle der Zeit“, oder etwas einfacher ins Deutsche übertragen: in der „Vollendung der Zeit“.

Anmerkungen

1 Lukas platziert die Rede Jesu in Nazareth (Lk 4,14-30) nach der Taufe Jesu (Lk 3,21-22) und der sich direkt daran anschließenden Versuchung in der Wüste (Lk 4,1-13), also ganz zu Beginn seines öffentlichen Wirkens. Chronologisch ist allerdings der Hinweis in Lukas 4,14 interessant: „Jesus kehrte in der Kraft des Geistes nach Galiläa zurück, und die Kunde von ihm ging hinaus durch die ganze Umgegend.“ Das zeigt, dass Jesus zwischen der Versuchung in der Wüste und der Predigt in Nazareth schon einiges Aufsehen erregt haben muss und hier eine gewisse Zeit übersprungen wird. Genau diese Lücke füllt das Johannesevangelium: Jesus kehrt auch hier nach der Taufe nach Galiläa zurück, doch finden dort noch das Weinwunder bei der Hochzeit zu Kana (Joh 2,1-12), die Tempelreinigung (Joh 2,13-22), einige Zeichen beim Passahfest in Jerusalem (Joh 2,23-25) und anschließend die Begegnung mit den Samaritanern von Sychar (Joh 4,1-42) und dem königlichen Beamten (Joh 4,43-54) statt. Nach diesen Ereignissen hat Jesus bereits einen gewissen Bekanntheitsgrad, was in Johannes 4,45 bestätigt wird.

2 Kyrus bekommt zwar im Jahr 539 v. Chr. die Herrschaft über das babylonische Reich, über das gesamte persische Reich aber erst im Jahr 536 v. Chr. Daher ist das Dekret des Kyrus zur Rückkehr der Juden in Esra 1,1 auf das Jahr 536–535 v. Chr. anzusetzen; siehe dazu ausführlich L. McFall, *Do the Sixty-Nine Weeks of Daniel Date the Messianic Mission of Nehemiah or Jesus?*, Journal of the Evangelical Theological Society 52 (2009), S. 673–718, hier S. 688–690; siehe auch J. Bejon, *Post-Exilic History*, Academia.edu, S. 6.

3 Während der Zeit des Exils hatten die Sabbatjahre keine Relevanz, denn das Exil diente ja gerade dazu, dass die nicht eingehaltenen Sabbatjahre nachgeholt wurden. Nach dem Exil bestand jedoch die Frage, in welchen Jahren man das Sabbatjahr und die damit zusammenhängenden Gesetze befolgen sollte. Es musste der Beginn einer neuen Zeitrechnung festgelegt werden, und diese Aufgabe fiel nach der jüdischen Tradition Esra zu, der das Gesetz neu in den Mittelpunkt rückte (vgl. Esr 7,10), siehe dazu L. Neidhart, *„Als die Zeit erfüllt war …“*, Pro Sancta Ecclesia 21 (2019), S. 20–110, hier S. 55. Das Datum, an dem die Sabbat- und Jubeljahre neu begannen, kann man aus der Bibel selbst und

aus außerbiblischen Quellen erschließen: Es sind mehrere Sabbatjahre aus dem Frühjudentum belegt, sodass die Rückrechnung relativ zuverlässig auf das Jahr 458/7 v. Chr. als Sabbatjahr fällt, siehe dazu ausführlich J. Finegan, *Handbook of Biblical Chronology*, Revised Edition, Peabody, Hendrickson, 1998, S. 116–126; J. Bejon, *Sabbatical Years*, Academia.edu, S. 1–29. Das ist genau das Jahr, in dem Esra in einer zweiten Rückführung Juden aus dem Exil zurück nach Israel führt und das Gesetz vorliest (vgl. Esr 7,7-10), siehe dazu J. Bejon, a. a. O., S. 24 sowie L. Neidhart, „*Als die Zeit erfüllt war …*", Pro Sancta Ecclesia 21 (2019), S. 20–110, hier S. 51 sowie die überarbeitete Version unter https://www.ludwig-neidhart.de/Downloads/AlsDieZeit.pdf, S. 19. Wenn das Jahr 458/7 v. Chr. das erste nach dem Exil beachtete Sabbatjahr war, muss die Zählung im Jahr 464 v. Chr. neu begonnen worden sein.

4 Die Geschichte von Israel als Volk beginnt natürlich mit dem Exodus, dem Auszug aus Ägypten, der im Jahr 1445 v. Chr. stattfand. Dieses Datum gewinnt man anhand von 1. Könige 6,1, da man den Regierungsantritt Salomos durch mehrere Synchronismen relativ sicher auf das Jahr 969 v. Chr. datieren kann. Vgl. dazu L. Neidhart, *Chronologie des Alten Testaments*, 2018, online unter https://www.ludwig-neidhart.de/Downloads/ChronologieAT.pdf, S. 11–17.

5 Als Salomo mit dem Tempelbau beginnt, geschieht das nach 1. Könige 6,1 genau im 480. Jahr nach dem Auszug Israels aus Ägypten (965 v. Chr.). Diese Zahl ist nicht zufällig, denn der Schreiber des Buches Könige suggeriert damit, dass in weiteren zehn Jahren eine solche Megaperiode von 490 Jahren erfüllt ist und dann ebenfalls eine große Periode des Segens kommt. Und genau das geschieht: Zehn Jahre später (also 955 v. Chr.) ist der Tempel nach siebenjähriger Bauzeit vollendet und schon drei Jahre in Gebrauch (1Kö 6,37-38).

6 490 Jahre nach dem Auszug aus Ägypten erfüllt sich also endlich die Verheißung, die Gott Abraham gegeben hatte (1Mo 15,18; 22,17), dass Juda und Israel „an Menge so zahlreich waren wie der Sand am Meer" (1Kö 4,20), ein König über sein Volk herrschte, und zwar „über alle Königreiche vom Euphratstrom an bis zu dem Land der Philister und bis an die Grenze Ägyptens" (1Kö 5,1) und auch der irdische Wohnort Gottes, der Tempel, als Zentrum des Segens für „alle Völker der Erde" (1Kö 8,43) vollendet und im Gebrauch ist.

7 Tatsächlich wird die Periode dieser zehn Jahre als außerordentlich segensreich beschrieben, denn am Ende von ihnen hatte Salomo auch seine eigenen Paläste fertig gebaut (1Kö 6,37–7,1; 9,10), bekam eine zweite Erscheinung Gottes (1Kö 9,1-9), hatte außenpolitisch eine gute Freundschaft mit Hiram (1Kö 9,11-14) und so großen Einfluss (1Kö 9,15-28), dass sogar die Königin von Saba von ihm hörte (1Kö 10,1-13).

8 Ein Text aus Qumran belegt, dass man die Neuzählung der Sabbat- und Jubeljahre zur Zeit Esras genau verfolgte und ähnlich wie bei den beiden vorangehenden Perioden von 490 Jahren Großes erwartete. Dieser Qumrantext ist ein

Kommentar zu einer Stelle, die uns schon begegnet ist, nämlich zu Jesaja 61,1-2. Man sah in diesem Text nichts weniger als die Verheißung, dass der Messias selbst eine Art Mega-Super-Jubeljahr bringen würde, das genau nach zehn JubeljahrZyklen, also 490 Jahren nach dem Start im Jahr 464 v. Chr., kommen sollte. Siehe zu diesem Text aus Qumran (11Q Melchizedek) ausführlich J. Fingegan, *Handbook of Biblical Chronology*, Revised Edition, Peabody, Hendrickson, 1998, S. 128.

9 Siehe dazu R. Riesner, *Die Frühzeit des Apostels Paulus*, Tübingen, Mohr Siebeck, 1994, S. 35–36.

10 Das kann man nicht ganz streng beweisen, ist aber aus zwei Gründen wahrscheinlich: Zum einen kennen wir den Beginn des öffentlichen Auftretens, der sich mit Lukas 3,1 auf den Herbst des Jahres Jahr 26 n. Chr. datieren lässt. Wenig später wird Jesus getauft, und zwar im folgenden Frühjahr vor dem Passahfest (das ergibt sich aus dem engen zeitlichen Rahmen von Johannes 1,19–2,12, der wiederum in zeitlicher Nähe zum Passahfest im Frühjahr ist, vgl. Joh 2,13). Der frühe Dienst Jesu umfasst anschließend eine längere Tauftätigkeit, bis Johannes der Täufer ins Gefängnis überliefert wurde (Joh 3,24). Erst anschließend beginnt Jesus seinen öffentlichen Dienst, als er wieder in Galiläa ist. Das muss bei den Ereignissen in Johannes 3–4 also frühstens im Spätsommer geschehen sein. Andererseits ist aber der in Lukas 5,1-11 berichtete Fischfang wegen der saisonalen Bedingungen wahrscheinlich im November zu platzieren (siehe B. Pixner, *Wege des Messias und Stätten der Urkirche*, Gießen: Brunnen 1996[3], S. 430). Damit bleibt für die Antrittspredigt in Lukas 4,16-30 ein relativ enges Zeitfenster im Herbst des Jahres 27 n. Chr. übrig. Da nun aber die Predigt Jesu und die Textstelle *direkt mit dem Jubeljahr* zu tun haben, kann man eigentlich nur annehmen, dass der Sabbat tatsächlich der Beginn des Jubeljahrs war, der am 30. September 27 n. Chr. stattfand.

11 Zeugen und das gerichtliche Bezeugen sind im jüdischen Kontext fast immer mit einer implizit anklagenden Funktion verbunden, siehe dazu ausführlich B. Lange, *Der Richter und seine Ankläger*, Tübingen, Mohr Siebeck, 2019, S. 49–55.

12 Siehe zur Reaktion der Menschen die Ausführungen bei H. Marshall, *The Gospel of Luke: A Commentary on the Greek Text*, Exeter, Paternoster Press, 1978, S. 185–186.

13 In manchen Bibeln steht dieser Satzteil, doch er war vermutlich nicht ursprünglich, denn er wird in den besten Handschriften des Neuen Testamentes weggelassen. Spätere Handschriften fügen diesen Satz hinzu, um das Zitat mit dem alttestamentlichen Text zu harmonisieren.

14 Die andere Stelle steht in Jesaja 34,8 und enthält als Kontrast zum „Tag der Rache“ das „Jahr der Vergeltung“. Das seltene hebräische Wort *(schillum)* sollte hier allerdings besser als „Bezahlung“ übersetzt werden. Es ist mit *schalom* – also

Friede, Heilsein – verwandt und meint das, was zur Wiedergutmachung führt und Frieden bringt. Auch hier enthält die „Bezahlung" beides: Einerseits bringt sie den Frieden „für die Rechtssache Zions", andererseits kann dieser Frieden nur erkauft werden, indem eine Art Wiedergutmachung (daher die Übersetzung mit „Vergeltung") stattfindet.

15 Frühere Ausgaben der Elberfelder Bibel haben hier mit „Jahr der Vergeltung" übersetzt. Das wurde in neueren Ausgaben verbessert, weil hier eindeutig von Erlösung die Rede ist.

16 Eine interessante Illustration einer sehr ähnlichen, wenn auch nicht ganz identischen Situation findet man in Jeremia 34,8-22. Hier wurde Sklaven zunächst die Freiheit – entsprechend den Gesetzen Gottes (die sich hier aber auf das Sabbatjahr beziehen) – versprochen und anschließend widerrufen. Das Ergebnis ist ein hartes Gericht Gottes über die Sklavenherren.

17 Das ist nicht nur im Lukasevangelium so, in dem Johannes der Täufer Jesus kurz vorher mit den Worten ankündigt: „Seine Worfschaufel ist in seiner Hand, seine Tenne zu reinigen und den Weizen in seine Scheunen zu sammeln; die Spreu aber wird er verbrennen mit unauslöschlichem Feuer" (Lk 3,17). Diese Worte reden eindeutig von Rettung *und* Gericht und passen damit sehr gut zu dem „Gnadenjahr des HERRN und dem Tag der Rache". Im Johannesevangelium sagt Jesus sogar: „Zum Gericht bin ich in diese Welt gekommen, damit die Nichtsehenden sehen und die Sehenden blind werden" (Joh 9,39). Das Gericht ist also ebenso wie die Gnade Teil des Auftrags Jesu. Das habe ich ausführlicher behandelt in B. Lange, *Der Richter und seine Ankläger*, Tübingen, Mohr Siebeck, 2019. Darin wird auch gezeigt, wie der Aspekt der Rettung und des Gerichts zusammengehören, ohne sich zu widersprechen.

18 C. Arnold, *Zondervan Illustrated Bible Backgrounds Commentary: Matthew, Mark, Luke*, I, Grand Rapids, Zondervan, 2002, S. 363.

19 Die Frage, ob der Freitag des Todes Jesu tatsächlich auch der 14. Nissan war, wie Johannes 18,28; 19,36 nahelegen, oder der 15. Nissan, wie die Tatsache nahezulegen scheint, dass Jesus am Abend vorher mit den Jüngern das Passahfest feiert, kann hier nicht behandelt werden. Möglicherweise trifft beides zu, weil zur Zeit Jesu unterschiedliche Kalender verwendet wurden. Sicher ist aber so viel: Johannes stellt einen eindeutigen Bezug zum Passahfest her, der auch dann sinnvoll ist, wenn der Todestag Jesu der 15. Nissan gewesen sein sollte.

7. DIE GEHEIMNISVOLLE KÖNIGSINSCHRIFT

Eines der wenigen Details, die wir über das Kreuz erfahren, an dem Jesus starb, ist die Inschrift darauf, die in den Evangelien beschrieben wird. Sie kommt in vielen Gemälden, Abbildungen und Kruzifixen vor. Häufig wird sie als „INRI" dargestellt, was für *Iesus Nazarenus Rex Ioudaeorum* (lateinisch) steht und *Jesus, der Nazarener, König der Juden* bedeutet. Wie genau kommt man auf diese Formulierung? Der Grund dafür steht in Johannes 19,19-22:

> *Pilatus schrieb aber auch eine Aufschrift und setzte sie auf das Kreuz. Es war aber geschrieben: Jesus, der Nazoräer, der König der Juden. Diese Aufschrift nun lasen viele von den Juden, denn die Stätte, wo Jesus gekreuzigt wurde, war nahe bei der Stadt; und es war geschrieben auf Hebräisch, Lateinisch und Griechisch. Die Hohen Priester der Juden sagten nun zu Pilatus: Schreibe nicht: Der König der Juden, sondern dass jener gesagt hat: Ich bin König der Juden. Pilatus antwortete: Was ich geschrieben habe, habe ich geschrieben. (Joh 19,19-22)*

Hier steht also, dass Pilatus diesen Text auf dem Kreuz platzieren ließ, und zwar unter anderem auch in lateinischer Sprache. Allerdings werden hier auch noch zwei andere Sprachen genannt. Was hat es damit auf sich? Und wieso ärgern sich die jüdischen Autoritäten anschließend so maßlos über die Inschrift?

Vordergründig geht man als Bibelleser davon aus, dass solche Kreuzesinschriften durchaus üblich waren und die Dreisprachigkeit eine rein praktische Notwendigkeit im damaligen Israel war, wo mehrere Sprachen parallel gesprochen wurden. Doch warum erwähnen dann alle Evangelisten diese Inschrift? Nur wegen ihres Inhalts? Und weshalb wird im Johannesevangelium explizit auf die Dreisprachigkeit hingewiesen? Schauen wir also genauer hin.

Ein Titulus über dem Kreuz

Während die Passage in Johannes 19 ganz harmlos daherkommt und man intuitiv vielleicht annimmt, dass eine solche dreisprachige Inschrift eine übliche Begleiterscheinung einer Kreuzigung gewesen sei, sieht die Lage vor dem historischen Hintergrund der dreisprachigen Königstitulatur völlig anders aus. Man muss sich fragen, ob der Kreuzestitulus Jesu wirklich nur ein übliches Vorgehen bei der Kreuzigung war. Genau das nimmt man als Leser der Evangelien zwar wie selbstverständlich an, dass also auch die anderen beiden Verbrecher links und rechts von Jesus so gekennzeichnet waren und dies in keiner Weise (außer vielleicht dem Inhalt bei der Inschrift Jesu) etwas Besonderes gewesen wäre. Aber stimmt das? War das gewöhnlich? Die einfache Antwort ist: Nein, war es nicht. Wir gehen dieser Frage genauer nach.

Um es gleich vorwegzunehmen: Eine Tafel auf einem Kreuz ist nach allem, was wir aus historischen Quellen kennen, außergewöhnlich und nicht belegt. Es gibt allerdings Belege *dafür*, dass zur Kreuzigung abgeführten Verbrechern in besonderen Fällen eine Tafel um den Hals gehängt oder vor ihnen hergetragen wurde, auf der die Beschuldigung stand.[1] Aber keine Quelle deutet an, dass diese Tafel nach der Ankunft am Hinrichtungsort noch irgendeine Bedeutung hatte. Im Gegenteil: Die Seltenheit von Fällen, in denen überhaupt eine Schuldtafel und dann auch nur auf dem Weg zur Hinrichtungsstätte verwendet wurde, führte sogar viele Forscher dazu, die Historizität von Johannes 19 generell anzuzweifeln. Auch wenn das sicher weit über das Ziel hinausschießt[2] – schließlich *ist* ja die Praxis einer Schuldtafel belegt –, scheint eine solche Tafel für hingerichtete Verbrecher keinesfalls üblich gewesen zu sein. Das gilt erst recht für Kreuzigungen, denn nur in einem einzigen Fall ist eine solche Tafel überhaupt bei einer Kreuzigung belegt.[3] Dass also eine Tafel auf dem Kreuz platziert wurde, war alles andere als normal, möglicherweise sogar völlig außergewöhnlich. Das zeigen nicht nur die historischen Quellen, in denen die Tafeln ausnahmslos mit einer besonderen Situation verbunden werden und Kennzeichen einer außerordentlichen Demütigung oder des Spotts sind. Auch praktische Gründe sprechen dagegen: In den meisten Fällen werden die Römer sich nicht die Mühe gemacht haben, eine Tafel mit einer Beschuldigung herzustellen. Vor allem bei gleichzeitiger Kreuzigung mehrerer Verbrecher war das nicht effizient, zumal Holz eher Mangelware in Israel war.

Man würde also aus den historischen Quellen nur dann eine solche Tafel erwarten, wenn es um eine repräsentative Hinrichtung mit großer Symbolwirkung oder um einen gezielten Spott ging. Und tatsächlich ist genau das bei Jesus der Fall: Es handelt sich nicht nur um einen Prozess, der große Beachtung in der von Pilgern des Passahfestes überquellenden Stadt Jerusalem findet. Es ist ebenso ein Prozess, der sowohl für Pilatus als auch für die Juden eine ganz besondere Bedeutung hat. Pilatus merkt schnell, dass hier eine tiefe Abneigung, ja, ein Hass und eine irrationale Eifersucht der jüdischen Autoritäten Jesus gegenüber am Werk sind, die den Prozess schon von Beginn an äußerst schwierig gestalten, weshalb dieser an mehreren Stellen der römischen Kontrolle zu entgleiten droht. Und schon vor der eigentlichen Kreuzigung wird Jesus zum Gegenstand von Spott, der für zum Tode Verurteilte ebenfalls alles andere als gewöhnlich gewesen sein dürfte. Wenn also bei Jesus eine so beispiellose Verspottung und eine so große, ja, fast schon symbolträchtige Verurteilung vorliegen, dann wäre eine Tafel mit dem Grund der Kreuzigung auf dem Weg zum Kreuz zunächst einmal im Rahmen dessen, was man nach historischen Quellen erwarten kann. Interessant ist nun allerdings, dass die Evangelien auf dem Weg zum Hinrichtungsort gar nichts von der Tafel erwähnen. Im Gegenteil: Alle Evangelien erwähnen den Titulus erst bei der Kreuzigung (Mt 27,37; Mk 15,26; Lk 23,38; Joh 19,19), und die kurze Notiz bei Johannes deutet sogar eher an, dass Pilatus die Tafel mit der Beschuldigung überhaupt erst schreiben lässt, als Jesus schon gekreuzigt ist. Es scheint, als ob der Statthalter mit dem

Titulus eine besondere Botschaft vermitteln will. Und eben das macht die Szene in historischer Hinsicht völlig außergewöhnlich. Nicht nur, dass die Tafel – entgegen allen historischen Belegen zum Thema – ihren primären Einsatzzweck nicht auf dem Weg zur Hinrichtung hat, sondern explizit – wieder entgegen allen historischen Belegen – auf dem Kreuz angebracht wird. Immerhin nennen die Evangelien mit der Aufschrift einer Beschuldigung einen Brauch, der grundsätzlich sehr gut belegt ist. Außergewöhnlich sind eher die *Details* in der Verwendung der Aufschrift, und diese zeigen, dass hier etwas Besonderes geschieht, was bei anderen Hinrichtungen überhaupt nicht üblich war.

Das allein ist schon sehr außergewöhnlich. Was dem Ganzen nun aber die Krone aufsetzt, ist die Tatsache, dass dieser Titulus in *drei Sprachen* geschrieben war. Das ist nicht nur *völlig außergewöhnlich,* sondern auch völlig unnötig. Mehr noch: Es ist ein *regelrechter Skandal.*

War ein dreisprachiger Titulus notwendig?

Selbst wenn eine Tafelinschrift auf dem Kreuz platziert wurde, war ihre Ausfertigung in drei Sprachen unnötig. Warum sollten sich Soldaten bei gewöhnlichen Kreuzigungen die Mühe gemacht haben, eine solche Inschrift in drei Sprachen anzufertigen? Das ist sehr unwahrscheinlich.[4] Vermutlich wird es schon schwer genug gewesen sein, überhaupt einen Soldaten zu finden, der mehrere Sprachen verstehen und schreiben konnte, sodass die Aufgabe der Anfertigung eines solchen Titels eher zu der Tätigkeit eines Schreibers passte und damit einen zusätzlichen Aufwand erforderte, der für gewöhnliche Kreuzigungen einen kaum vertretbaren Mehraufwand bedeutete. Denn die Inschrift wäre, nur in einer einzigen Sprache geschrieben, egal, ob auf Griechisch oder auf Hebräisch/Aramäisch, für jeden, der des Lesens kundig war, verständlich gewesen. Die Ausführung in gleich drei Sprachen ist also völlig übertrieben und alles andere als zweckbedingt. Der einzige Grund, weshalb das bei Jesus gemacht wurde, besteht darin, dass dies auf den ausdrücklichen Wunsch des Pilatus hin geschah (Joh 19,19). Was also verbirgt sich dahinter?

Die Lösung des Rätsels liegt erstaunlicherweise in einer Zeit lange vor der Kreuzigung – im alten Persien. Also wagen wir einen Ausflug ins alte Perserreich des sechsten Jahrhunderts vor Christus.

Die alten Perser

Das persische Reich löste 539 v. Chr. mit der Eroberung Babylons unter Kyrus das babylonische Reich ab. Kurz nach Kyrus herrschte der persische König Darius I. bereits über ein Reich, das von Indien bis Nordafrika reichte. Es umfasste ein Gebiet, das keines der Reiche davor – wie etwa Ägypten, Babylon, Assyrien – beherrschen konnte. Seine Ausdehnung reichte von Gebieten weit im Osten bis ans Mittelmeer. Das war völlig neu. Es erforderte eine neue Art der Verwaltung zahlreicher Provinzen, die man als „Satrapien" mit ihren Herrschern, den „Satrapen", aus der Bibel kennt (Esr 8,36; Est 3,12; 8,9; 9,3; Dan 3,2-3; 6,2-8).

Dieser weitreichende Herrschaftsanspruch brachte allerdings ein Sprachproblem mit sich: Wie konnte man so viele Völker, Kulturen und Sprachen unter *einer* Herrschaft vereinigen? Wie konnte sich der König in allen Teilen des Reiches verständlich machen? Das ging nur durch die Verwendung mehrerer Sprachen. Obwohl das persische Reich eine Amtssprache hatte, musste es viele weitere Sprachen unter sich vereinen. Wichtige Botschaften mussten also in mehreren Sprachen übermittelt werden. Und weil man dazu nicht beliebig viele Sprachen verwenden konnte, wählten die Perser drei Sprachen aus, mit denen die meisten Menschen etwas anfangen konnten. Das kann man sehr gut anhand von persischen Inschriften und königlichen Siegeln belegen.

Die Inschrift des Königs

Die Perser waren die Ersten, die durch dreisprachige Inschriften einen universellen Machtanspruch demonstrierten.[5] Solche Inschriften sind als riesige, in Stein gehauenen Monumente[6] oder auf Siegeln belegt. Neben Akkadisch (der Sprache der Babylonier) verwendeten die persischen Könige auch noch zwei andere Sprachen, nämlich Altpersisch und Elamisch. Dabei hatten sowohl die Auswahl der Sprachen als auch ihre Reihenfolge auf dem Siegel System: Die Reihenfolge spiegelte eine Rangfolge wider. Die erste Sprache (Altpersisch) war die Muttersprache der Eroberer, die zweite Sprache war die der Administration (Elamisch), und die dritte war die am stärksten verbreitete Handels- und Schriftsprache der eroberten Gebiete, die also in weiten Teilen des Großreiches verstanden wurde (Akkadisch).[7]

Vor diesem Hintergrund könnte man vermuten, dass dreisprachige Inschriften vor allem einen praktischen Nutzen hatten, indem sie von jedem gelesen werden konnten. Das ist aber erstaunlicherweise nicht der Grund, denn dazu wären sie relativ ungeeignet gewesen. In der Praxis konnte vom größten Teil der Bevölkerung (wenn überhaupt) nur eine einzige der drei Sprachen gelesen werden. Noch auffälliger ist aber ein anderer Aspekt: Die großen Steinmonumente waren nicht publikumswirksam an Stellen aufgestellt, an denen viele Menschen vorbeikamen, sondern an erhöhten Stellen, die weithin sichtbar waren. Sie waren also weniger dazu gedacht, tatsächlich gelesen zu werden, sondern verkörperten vor allem auf symbolische Weise den Machtanspruch der Könige – ähnlich wie eine Siegessäule oder ein von Weitem sichtbares Denkmal. Zusätzlich zu diesen Monumenten verwendeten die Perser diese hochsymbolischen dreisprachigen Inschriften auch auf ihren Königssiegeln, und auch diese vermittelten eine klare Symbolik.

Das Rollsiegel des persischen Königs Darius I., das ihn bei der Löwenjagd zeigt. Das Rollsiegel ist etwa 5 cm groß und wurde an einer Schnur um den Hals getragen.

Durch die Dreisprachigkeit und deren Symbolik wurde der König als umfassender Herrscher, als Mittelpunkt zwischen Himmel und Erde, als erhöhte Herrscherfigur mit globalem Herrschaftsanspruch dargestellt. Die Zahl drei war dabei nicht zufällig gewählt, sondern galt als heilige Zahl und als Zahl der Vollkommenheit (so wie übrigens auch die Zahl sieben).[8] Das Siegel war damit also hochsymbolisch, wie auch aus der Symmetrie deutlich wird, und spiegelte so die ideale, ja perfekte Weltordnung wider, in deren Mitte der König ist.[9] Der König in der Mitte zwischen Himmel und Erde weist ihn als Mittler zwischen Gott und Menschen aus. Er bezwingt mit dem Löwen die feindlichen Mächte und bringt Frieden, der durch die beiden Dattelpalmen symbolisiert wird. Die auf dem Siegel dargestellte Ordnung ist damit nicht nur die Schöpfungsordnung, sondern sogar die Ordnung einer neuen, idealen Welt.[10] Die Aussage ist also eindeutig: Der König ist derjenige, der der Welt Frieden und Segen bringt. Er ist die verbindende Figur aller Menschen im Reich. Und dazu brauchte es nicht besonders viel Text. Der Text auf dem oben abgebildeten Siegel lautete einfach: „Ich bin Darius, der König."

Die universelle Bedeutung der Sprachen

Durch die Dreisprachigkeit wurde die gute Botschaft von der Herrschaft des Königs verkündet. Durch ihn kam es nämlich zu einer Einheit trotz der Vielfalt der Menschen, Kulturen und Sprachen. Diese Botschaft war bei der Übernahme der Macht durch Persien und auch für die Festigung der königlichen Macht wesentlich. Denn alle oben genannten Faktoren kommen in diesem Ausmaß zum ersten Mal mit dem persischen Reich zum Ausdruck, weil es das erste Reich einer solchen Größe war, das eine solche Vereinigung der Welt, Sprachen und Menschen notwendig machte. Es verwundert vor diesem Hintergrund nicht, dass der König als der Schnittpunkt zwischen Gott und Mensch selbst als göttlich dargestellt wurde.[11] Das geschah, um allen Menschen der damaligen Welt bekannt zu geben, wer als König herrschte.

Der wahre König

Vor diesem Hintergrund ist besonders interessant, dass man auch in der Bibel eine solche mehrsprachige Botschaft des persischen Königs findet. Nachdem Darius Daniel in die Löwengrube hatte werfen lassen und Zeuge der Macht Gottes geworden war, der die Löwen bändigen kann, verfasste er ein Edikt für „alle Völker, Nationen und Sprachen, die auf der ganzen Erde wohnten" (Dan 6,26). Es ist genau ein solches königliches Edikt, das hier in mehreren Sprachen verkündet und vom persischen König selbst erlassen wurde. Kurz zuvor wird bei der Löwengrube auch ein Siegel erwähnt, das für diesen Machtanspruch so typisch war (Dan 6,18), und mit diesem wird Darius wohl auch dieses Edikt beglaubigt haben. Hier haben wir also genau das, was das königliche Siegel symbolisierte: die Verkündigung der universellen Herrschaft durch den persischen König.

Und die Botschaft begann – so wie man es von der Siegelsymbolik erwarten würde – mit der Verkündigung des Friedens: „Euer Friede sei groß!" (Dan 6,26). Genau hier kam also die Mehrsprachigkeit des persischen Königs ins Spiel, denn so verkündete der persische König normalerweise seine universelle Herrschaft über alle Völker. Doch was anschließend geschah, ist völlig einzigartig. Statt sich selbst als den Mittler der Herrschaft, als den universellen König und den wahren Machthaber zu verkündigen, ging es in der Botschaft nicht um den persischen König, sondern um einen anderen König und dessen Reich – es ging um Gott selbst: „Denn er ist der lebendige Gott und bleibt in Ewigkeit; und sein Königreich wird nicht zerstört werden, und seine Herrschaft währt bis ans Ende" (Dan 6,27). Darius nutzte die Mehrsprachigkeit also im Dienst eines Edikts, das in Wirklichkeit Gott, seine Herrschaft und seine Taten verkündete. Genau das war hier die *gute Botschaft,* die im Namen des Königs erging – eine Königstitulatur Gottes sozusagen.

Das Buch Daniel zeigt damit sehr deutlich, dass nicht der persische König der Mittler zwischen Gott und Menschen und der Friedensbringer ist, sondern dass diese Rolle schon vergeben ist. Denn Gott hat einen einzelnen Menschen, der in Daniel 7,13-14 als „Menschensohn", in Jesaja als „Gesalbter" – also als „Messias" oder „Christus" – bezeichnet wird (Jes 61,1), dazu ausersehen, den Frieden, die Rettung, die Freudenbotschaft, die Botschaft von Gottes Herrschaft – kurz also: das *Evangelium* – zu bringen, und zwar für „alle Völker, Nationen und Sprachen" (Dan 7,14).

Bis jetzt ist also Folgendes klar geworden: Die dreisprachigen Inschriften wurden von den Persern eingeführt, um eine universelle Botschaft für die ganze Welt zu verkünden, nämlich wer der wirkliche König ist, der Mittler zwischen Gott und Menschen, der Friedensbringer, der Segensträger, der eine neue Schöpfung schafft. Die dreisprachigen Inschriften nach dem Muster „Dies ist X, der König von Y" sind symbolische Ausdrücke genau dieser Botschaft. Vor diesem Hintergrund werden unübersehbare Parallelen zu der Kreuzesinschrift Jesu deutlich. Könnte es sein, dass auch sie diese Symbolik ausdrückt? Doch haben die Menschen, die so lange Zeit nach den

Persern lebten, das auch verstanden? Was haben die Römer mit den dreisprachigen Inschriften der Perser zu tun?

Von den Persern zu den Römern

Was bei den Persern erstmals in der Geschichte in dieser Form zu sehen ist – nämlich ein Großreich über verschiedene Sprachen, Völker, Kulturen und weite Gebiete hinweg –, setzt sich in der weiteren Geschichte fort. Die Griechen übernehmen mit Alexander dem Großen das persische Reich; und die Reste ihrer Nachfolgekönigreiche (die Diadochenreiche) werden schließlich dem Römischen Reich einverleibt. Diesen drei Reichen – den Persern, Griechen und Römern – ist eins gemeinsam: Sie alle haben einen starken König an der Spitze, der sich selbst göttliche Züge gibt, mit einem universellen Machtanspruch auftritt und – dreisprachige Inschriften verwendet! Doch weshalb setzt sich die Tradition dreisprachiger Inschriften in unterschiedlichen Weltreichen so ungebrochen fort? Zufall? Nein, aller Wahrscheinlichkeit nach nicht. Denn es gibt einen historischen Zusammenhang, und gerade hier wird es enorm spannend. Im 4. Jahrhundert bemerkt man nämlich bei den persischen Königstitulaturen eine interessante Wende: Während sie vorher in Altpersisch, Elamisch und Akkadisch verfasst wurden, ist von einem Herrscher zum anderen plötzlich ein Wechsel der Sprachen in Lykisch, Aramäisch und Griechisch zustande gekommen. Dieses Muster einer Mischung von hellenischen und semitischen Sprachen wird nach dem Zusammenbruch des Perserreichs beibehalten und von den Ptolemäern und Sassaniden nicht nur bis in die Zeitenwende weitergeführt, sondern findet sich sogar noch bis ins dritte Jahrhundert nach Christus. Nicht weniger als 60 solcher königlicher Titulaturen findet man auf Siegeln und Inschriften im Zeitraum von 550 v. Chr. bis 200 n. Chr.[12] Und noch eines ist auffällig: Die Tradition dreisprachiger Inschriften war vor allem im Osten des Römischen Reiches besonders verbreitet, also in dem Gebiet, in dem auch Jerusalem unter römischer Herrschaft stand. Mit anderen Worten: Was die Perser einführten, wurde beibehalten. Wie einflussreich diese persischen

Königsinschriften blieben, zeigt sich sogar noch in den Jahrhunderten nach Christus dadurch, dass es stellenweise einen regelrechten „Krieg der Inschriften" gab, um gegensätzliche Machtansprüche auszudrücken.[13]

Die Besonderheit dreisprachiger Texte

Damit ist klar: Dreisprachige Inschriften haben eine lange Tradition und kamen bei den Persern so sehr in Mode, dass in den nachfolgenden Jahrhunderten viele, die Rang und Namen für sich beanspruchten, sich ebenfalls in solchen dreisprachigen Inschriften verewigten. Sie sind aber sonst selten und tauchen nur in außergewöhnlich wichtigen Inschriften großer Autoritäten auf und sind fast ausschließlich als Königsinschriften belegt.[14] Die Inschriften heben den Ruhm und vor allem den Herrschaftsanspruch von Königen hervor oder preisen im Zusammenhang mit ihrem Tod ihre bleibende Bedeutung. Dabei haben sie eine nicht zu übersehende symbolische Bedeutung für jeden, der eine solche Inschrift sieht. Eine Inschrift in drei Sprachen, die von einem Herrscher sagte: „Dies ist X, König von Y", war also keine politische Notwendigkeit, sondern hatte großen Symbolcharakter. Eine solche Inschrift war ein deutliches Zeichen eines universellen Herrschaftsanspruchs, der den wahren Herrscher der Welt und seine Größe bekannt machen sollte. Wie stereotyp dieser Brauch war, sieht man daran, dass immer nur *drei* Sprachen verwendet wurden – und nicht vier, fünf oder zehn. Die drei Sprachen wurden beibehalten, um den universellen Machtanspruch des Königs zu belegen. Welche drei Sprachen das waren, konnte natürlich je nach Gebiet und der herrschenden Weltmacht variieren. Sogar bei der Reihenfolge der Sprachen wurde ein durchgängiges Muster beibehalten: Die Sprache des herrschenden Königs ist immer dabei und stellt die ranghöchste der Sprachen dar, dazu kommen dann noch die Umgangssprache und eine Amts- oder urtümliche Volkssprache. Und nach allem, was man findet, ist die Dreisprachigkeit auch fast *ausschließlich* in dem Kontext von solchen Königstitulaturen belegt, sodass schon die Dreisprachigkeit an sich Ausdruck königlichen Anspruchs ist. Um es etwas vereinfacht zu sagen: Die Königstitulatur ist dreisprachig, und was dreisprachig ist, ist eine Königstitulatur.[15]

Vor diesem Hintergrund muss die dreisprachige Inschrift auf dem Kreuz Jesu mehr als reiner Zufall sein; sie drückt aus, dass hier ein König am Kreuz hängt. Allerdings wirkt eine solche Inschrift vor dem Hintergrund der Symbolik, die die Menschen damals damit verbanden, am Kreuz extrem ungewöhnlich, ja, offensichtlich geradezu unpassend. Im alltäglichen Kontext sind Inschriften in drei Sprachen alles andere als üblich und für solche Beschuldigungsinschriften bei Kreuzigungen überhaupt nicht belegt. Und nun ist da im hintersten Winkel des ersten Jahrhunderts nach Christus ein römischer Statthalter, der für einen zum Tode Verurteilten eine dreisprachige Inschrift anordnet, die lautet: „Dies ist Jesus, der König der Juden." Diese dreifache Titulatur bei einer Kreuzigung muss auf die Menschen der damaligen Zeit völlig fehl am Platz gewirkt haben, denn eine Kreuzigung stellte schließlich keine feierliche Gelegenheit dar, sondern eher eine schändliche Hinrichtung. Und man kann noch weiter gehen: Die dreisprachige Inschrift war nicht nur ungewöhnlich, sondern sogar *höchst provokativ – ein regelrechter Skandal.* Denn Jesus wurde damit nicht nur als König mit einem universellen Machtanspruch dargestellt, dem alle Völker, Nationen und Sprachen dienen müssen, sondern es wurde damit auch seine Stellung als der wahre Mittler zwischen Gott und Menschen angedeutet. Diese Inschrift ist nichts weniger als eine der höchsten Auszeichnungen und Autoritätsbekundungen – ausgerechnet an dem schändlichsten Folterinstrument der damaligen Zeit.

Eine königliche Titulatur

Doch wenn das alles so ungewöhnlich war – eine dreisprachige Inschrift über dem Kreuz –, wieso setzt Pilatus dann eine solche über das Kreuz Jesu? Wenn solche dreisprachigen Inschriften damals fast nur als Königstitulaturen bekannt waren, wieso tut Pilatus etwas, das Jesus für damalige Menschen wie einen König mit einem Titel erscheinen lassen musste? Die Antwort ist verblüffend einfach: Weil er genau das will. Pilatus verfolgt offenbar die Absicht, dass diese Inschrift an die Titulatur eines Königs erinnert. Es kann kaum Zufall sein, dass er die Inschrift nicht mit einem Vergehen in Verbindung bringt, sondern mit einem Titel, nämlich mit der Aufschrift „Dies ist Jesus, der Nazarener, der *König der Juden*". Genau das aber entspricht anderen antiken Königstitulaturen, die also den König nennen in der Form wie „Das ist Darius, König der Könige" oder „Das ist ..., König der X". Und so schreibt Pilatus eben eine solche Titulatur, die Jesus als „König der Juden" ausweist. Es *ist* dem Inhalt nach unbestreitbar eine Titulatur eines Königs.

Doch warum verfasst Pilatus eine solche Titulatur? Man wird kaum annehmen können, dass er damit Jesus ehren wollte. Vermutlich hat die Inschrift eine ähnlich ironische Funktion wie vorher das Purpurgewand und die Dornenkrone, mit denen Jesus ausgestattet wurde (Joh 19,1-3). Mit dieser Inschrift treibt Pilatus den Selbstanspruch Jesu ironisch auf die Spitze, indem er sie auch noch der Form nach in den drei Sprachen so formuliert, wie es jede Königtitulatur von Rang getan hätte. Aus der Sicht von Pilatus ist die Inschrift also nur ein billiger Spott, doch bei genauem Hinsehen scheint dieser Spott ernst genommen worden zu sein, denn die Obersten der Juden nehmen Anstoß daran. Für sie war es eine geradezu heikle Botschaft, die ihr Ärgernis an der Person Jesu nur verstärkte und ihren Anspruch nachträglich sogar noch bestärkte. Vielleicht lag genau das in der Absicht von Pilatus.

Es wirkt nämlich so, als habe Pilatus eben diese Wirkung auf die Juden im Blick gehabt, als er die Inschrift verfassen ließ, um damit noch einmal eine Botschaft zu vermitteln. Es scheint, als wollte er mit der Inschrift einen letzten Triumph in dem psychologischen Machtspiel erringen, bei dem er vorher dem Druck der Juden nachgeben musste und Jesus sowohl gegen seine Überzeugung als auch gegen seinen Willen zum Tod verurteilen musste. Die Inschrift ist somit sein Versuch, nach dem verlorenen psychologischen Kampf mit den Juden noch einen letzten Treffer zu landen und die jüdischen Autoritäten zu düpieren. Er weiß, dass eine Königstitulatur höchst provokant ist und den Juden sauer aufstoßen wird. Und vielleicht ist es gleichzeitig eine Position, in der Pilatus nachträglich beinahe schon mit Jesus sympathisiert. Der Kern des Problems liegt nämlich gerade darin, dass die Inschrift selbst *nicht ganz klarmacht*, ob sie Spott oder Ernst ist. Damit ist auch verständlich, weshalb die Hohen Priester der Juden so allergisch auf die Inschrift reagieren und mit aller Macht versuchen, eine Änderung zu erreichen: „Schreibe nicht: Der König der Juden, sondern dass jener gesagt hat: Ich bin König der Juden" (Joh 19,21). Mit dieser Änderung wäre klar gewesen, dass hier tatsächlich nur zum Spott an eine Königstitulatur erinnert wird. So, wie der Text aber tatsächlich lautet, wirkt die Inschrift ganz anders: Sie sagt, dass das hier tatsächlich Jesus, der „König der Juden", ist. Und nicht nur das, denn die Kreuzestitulatur stellt Jesus sogar als höchsten Herrscher über alle Welt dar.

Die dreisprachige Kreuzestitulatur passt genau in dieses Bild: Sie ist für einen Gekreuzigten völlig fehl am Platz, aber für einen Herrscher mit einem Machtanspruch über alle Welt, Völker und Sprachen völlig passend.

Damit bleibt nur noch eine Frage offen: Weshalb erzählt gerade Johannes so ausführlich von der Kreuzesinschrift? Warum ist er der Einzige, der sie so ausführlich behandelt? Um das zu verstehen, ist ein kurzer Blick auf den Kontext notwendig. Es fällt nämlich auf, dass Johannes der Einzige ist, der die Dreisprachigkeit überhaupt erwähnt. Und das ist nicht die einzige Besonderheit bei Johannes, die man erkennen kann. Er hat zudem einen besonderen Blick auf die Passion, indem er zeigt, wie Jesus trotz der größten nur denkbaren Erniedrigung der souveräne Herr in der Passion ist.[16] Außerdem ist das Johannesevangelium hoch symbolisch gestaltet, das heißt, die Dinge, die geschehen, haben häufig eine tiefere Bedeutung. Das ist vor allem in der Passionsgeschichte der Fall. Schon die Verhaftung Jesu wird im Johannesevangelium wohl besser mit dem Wort „Selbstauslieferung" beschrieben, denn Jesus weiß nicht nur bereits im Voraus alles, was über ihn kommen wird (Joh 18,4), sondern er zeigt sich auch als der göttliche „Ich bin", vor dem alle zu Boden fallen müssen (Joh 18,6). Auch das anschließende Verhör vor Hannas läuft anders als geplant. Tatsächlich erfahren wir gar nicht, welche

Fragen Hannas Jesus denn konkret stellt. Die einzige Frage, die wir aus diesem Verhör kennen, stammt nicht von Hannas, sondern aus dem Mund Jesu: „Was fragst du mich?“ (Joh 18,21). Das ist Ironie: Jesus befragt den Befrager und fordert Rechenschaft von dem, der von ihm Rechenschaft fordern möchte. Wieder wird deutlich: Inmitten der Anschuldigungen und Verhöre ist Jesus der unschuldige, souveräne Herr und der wahre Herrscher.

Das erfährt auch Pilatus kurze Zeit später. Er hat in diesem Verhör keine klare Position. Das gilt sogar wortwörtlich: Wie ein Pingpongball pendelt er zwischen den Juden (vor dem Prätorium) und Jesus (im Prätorium) hin und her – insgesamt dreimal (Joh 18,28–19,16). Und während Pilatus meint, die Macht über Leben und Tod zu haben (Joh 19,10), ist es wiederum Jesus, der die wahre Macht hat. Er ist König eines Reiches, das nicht von dieser (sondern von einer höheren) Welt ist (Joh 18,36). Pilatus dagegen muss von Gott erst Vollmacht *gegeben* werden, damit er Jesus verurteilen kann (Joh 19,11). Zunehmend realisiert Pilatus, dass sich hier die typischen Rollen eines Verhörs umkehren: Nicht der Angeklagte hat Angst vor dem Richter, sondern der Richter hat zunehmend Angst vor dem Angeklagten. Vor diesem Hintergrund liegt die Frage nahe, ob Jesus tatsächlich ein einfacher Mensch ist – und tatsächlich stellt sich auch Pilatus diese Frage. „Woher bist du?“ (Joh 19,9), will er von Jesus wissen.

Und der Schluss des Verhörs zeigt eindrücklich, dass Pilatus die Macht, die er zu haben meint, gerade nicht hat. Obwohl er von der Unschuld Jesu überzeugt ist (Joh 18,38; 19,4.6.12.15), schafft er es dennoch nicht, ihn loszugeben. Er muss sich dem Druck der Menge beugen. Sieht so ein vollmächtiger Richter aus? Man könnte fragen, wer in diesem Verhör der wirkliche Richter ist. Während Pilatus meint, der Richter zu sein, hat Jesus die wirkliche Vollmacht. Er ist der wahre Richter, doch ein Richter, der sich freiwillig verurteilen lässt. Schon wieder ist Jesus der souveräne Herr und wahre Machthaber.

Und mitten in diesem Verhör schildert Johannes eine Szene, die deutlich macht, wer hier der wahre König ist (Joh 19,1-3). Er zeigt Jesus, der die Krone aus Dornen und den Königsmantel trägt. Sowohl der Mantel als auch die Krone sind Kennzeichen von hochgestellten Persönlichkeiten. Johannes zeigt also durch Symbole, die sonst mit Königen, autoritativen Herrschern und ihrem Machtanspruch verbunden waren, dass Jesus in einer ironischen Umkehrung diesen Machtanspruch erfüllt. Obwohl alle diese Dinge von Pilatus als Spott gedacht sind, drückt er damit, natürlich ohne es zu wissen, eine tiefere Wahrheit aus: Jesus ist tatsächlich der in Purpur gekleidete Herrscher, der mit den Königsinsignien ausgestattet ist – und derjenige, der in einer dreisprachigen Königstitulatur aller Welt als der neue Herrscher verkündigt wird!

Das Evangelium

Für Johannes ist also die Kreuzesinschrift nur ein weiteres Puzzleteil unter vielen, die gerade *in* der Verspottung darauf hinweisen, wer Jesus wirklich ist. Es ist die Ironie der ganzen Szene, dass Pilatus durch seinen Spott eine tiefe Wahrheit verkündet. Ähnlich wie der Hohe Priester vorher ungewollt die Wahrheit sagt, indem er vom stellvertretenden Tod Jesu spricht (Joh 11,49-51), ist es auch bei der Kreuzesinschrift: Alles, was darauf steht, ist wahr. Es ist eine deutliche Botschaft, und das aus mehreren Gründen:

Die Kreuzesinschrift ist als ein Faktum formuliert (und nicht wie ein bloßer Selbstanspruch Jesu). Den Unterschied kann man sich leicht klarmachen, wenn man sich bildhaft vorstellt, was das bedeutet. Johannes sagt dazu ausdrücklich: „Diese Aufschrift nun lasen viele von den Juden, denn die Stätte, wo Jesus gekreuzigt wurde, war nahe bei der Stadt“ (Joh 19,20). Zur Passahzeit, in der Jerusalem von vielen Tausend Festpilgern besucht wurde, platzte die Stadt aus allen Nähten. Viele der Festbesucher werden Jesus und die Intrigen der Juden gar nicht gekannt haben. Und nun sehen sie jemanden am Kreuz, der als König der Juden bezeichnet wird. Sie ahnen dabei gar nicht, dass die Hohen Priester gerade wegen dieses Anspruchs die Verurteilung Jesu angestrebt haben, denn die Inschrift sagt etwas anderes: Hier ist *wirklich* der König der Juden, und er wurde trotz dieser Würde verurteilt.

Die Dreisprachigkeit unterstreicht das noch, denn sie zeigt symbolisch, dass er ein Herrscher mit universellem Anspruch ist, dem alle Völker, Nationen und Sprachen dienen müssen. Die Herrschaft über die Welt gebührt also nicht dem römischen Kaiser, sondern einem Juden. Vor diesem Hintergrund ist ein Detail besonders aufschlussreich, nämlich die Reihenfolge der Sprachen: Als ranghöchste Sprache wird zuerst Hebräisch gewählt, anschließend kommt Lateinisch und zuletzt Griechisch. Die sonst von den Römern gewählte Reihenfolge wird hier umgekehrt, sodass Hebräisch zur Sprache des Herrschers wird.

Erinnert man sich an die Symbolik der dreisprachigen Inschriften, dann wird allein dadurch noch etwas Zusätzliches ausgedrückt: Hier ist tatsächlich der Mittler zwischen Gott und Menschen, der eine neue Schöpfung bringt, der den stärksten Feind besiegt. Wer die Szene mitverfolgte, sah hier tatsächlich jemanden zwischen Himmel und Erde. Und dessen Anspruch als „König der Juden" ist eine Botschaft, die für die ganze Welt gilt. Damit wird die Kreuzesinschrift zur ersten Verkündigung des Evangeliums. Sie zeigt, wer hier zu finden ist: der wahre Herrscher, der am Kreuz erhöht wurde.

Wie anders als jeder menschliche Held ist hier Jesus – er gibt als wahrer König und Mittler sein Leben hin, um Menschen zu retten.

Anmerkungen

1 Vgl. bei J. Blinzler, *Der Prozeß Jesu*, Regensburg, Pustet, 1969, S. 362. Siehe dazu auch C. Keener, *The Gospel of John: A Commentary. Vol. 1 & 2*. Grand Rapids, Baker Academic, 2012, S. 1137. Keener nennt sechs Quellen mit den folgenden Fällen: Eine Tafel wird vor der Hinrichtung durch Kreuzigung mitgeführt (Cassius Dio, Hist. 54,3,7), ein anderer Delinquent trägt eine Tafel mit der Beschuldigung, bevor ihm wegen Diebstahl die Hände abgehackt werden (Suet. Cal. 32,2), wieder ein anderer wird mitsamt einer Tafel in der Arena den Hunden vorgeworfen (Suet. Dom. 10,1), und ein Christ wird mitsamt einer Tafel zur Verurteilung geführt (Eus. HE 5,1,44). Tertl. Apol. 2,20 nennt nur allgemein den Brauch einer Schuldtafel für christliche Märtyrer, auf der abzulesen ist, dass es sich um einen Christen handelt. Keener nennt ferner Cassius Dio, Hist. 54,8 ohne sichtbaren Bezug. Es gibt ferner ein Relief aus Milet aus dem 2. bis 3. Jh. n. Chr., das drei Gefangene zeigt, von denen der erste eine Schuldtafel vor sich

herträgt, vgl. dazu E. Schnabel, D. Chapman, *The Trial and Crucifixion of Jesus*, Tübingen, Mohr Siebeck, 2015, S. 292.

2 Zur historischen Zuverlässigkeit vgl. auch E. Schnabel, D. Chapman, *The Trial and Crucifixion of Jesus*, Tübingen, Mohr Siebeck, 2015, S. 293.

3 Cassius Dio, Hist. 54,3,7.

4 So R. Brown, *The Death of the Messiah*, Bd. 2, Haven, Yale University Press, 1994, S. 965.

5 Das ist bereits für Kyrus belegt und für die späteren persischen Könige ein typisches und sehr aussagekräftiges Merkmal, vgl. dazu M. Garrison; M. Root, *Seals and the Persepolis Fortification Tablets, Volume : Images of Heroic Encounter*, Chicago, University of Chicago, 2001, S. 326-327; J. Finn, *Gods, Kings, Men: Trilingual Inscriptions and Symbolic Visualizations in the Achaemenid Empire*, Ars Orientalis 41 (2011), S. 219–275, hier S. 254–264. Finn gibt 19 Siegel und über 60 andere dreisprachige Inschriften und Texte, größtenteils Königstitulaturen, wieder.

6 Eine sehr berühmte und auch eine der ersten ist die persische *Behistun Inschrift* (5. Jh. v. Chr.). Eine ähnliche Inschrift mit königlichen Bekundungen wie „Ich bin Xerxes, der große König. König der Könige, König aller Arten von Menschen, König auf dieser Erde weit und breit" ist auch die *Xerxes I. Inschrift bei Van* (5. Jh. v. Chr.).

7 Siehe dazu J. Finn, *Gods, Kings, Men: Trilingual Inssriptions and Symbolic Visualizations in the Achaemenid Empire*, Ars Orientalis 41 (2011), S. 219–275, hier S. 235–236.

8 J. Finn, a. a. O., S. 239.

9 J. Finn, a. a. O., S. 232.236–237.

10 J. Finn, a. a. O., S. 227.

11 J. Finn, a. a. O., S. 234.

12 J. Finn, a. a. O., S. 254–264.

13 Aufschlussreich ist hier ein entscheidender Sieg des persischen Herrschers Schapur I. über das Römische Reich in einer Schlacht, nachdem er im 3. Jh. n. Chr. das neupersische Reich gründete, das bis ins 7. Jh. existierte. Welchen starken Anspruch und welche ungeheure Wirkung solche Inschriften schon rein symbolisch hatten, wird im Verhalten der römischen Soldaten deutlich, als sie von der verlorenen Schlacht gegen Schapur I. zurückkehrten und dazu noch den Tod ihres Kaisers in der Schlacht betrauern mussten. Sie taten etwas sehr Symbolhaftes: Sie errichteten dort, wo er gestorben war, ein Grabmal mit Inschriften in mehreren Sprachen nach alter persischer Tradition. Es trug die Botschaft: „Dem göttlichen Gordian, Eroberer der Perser." Die Botschaft ist eindeutig: Obwohl der Kaiser gegen die Perser eine schändliche Niederlage erlitt und sogar den Tod

fand, wird er in seinem Grabmal an der Stelle seiner schändlichen Niederlage als triumphierender Herrscher über genau diese Gegner ausgerufen. Natürlich konnte Schapur I. das nicht auf sich sitzen lassen – schließlich beanspruchten die Römer durch diese Inschrift weiterhin die Herrschaft über die Perser. So ließ er es sich nicht nehmen, an die alte persische Tradition der dreisprachigen Inschriften anzuknüpfen, und schuf mit der *Großen Inschrift von Schapur I.* (3. Jh. n. Chr.) seinerseits eine solche Inschrift, durch die er sich bewusst als Nachfolger des großen Perserreiches inszenierte. Vgl. dazu etwa R. Brown, *The Death of the Messiah*, Bd. 2, Haven, Yale University Press, 1994, S. 965.

14 R. Brown, a. a. O., S. 965, nennt dies sogar als *einziges* Beispiel.

15 Die meisten dreisprachigen Inschriften sind Königstitulaturen, daneben gibt es noch wenige Inschriften, die zu Ehren der Götter errichtet wurden (vgl. dazu G. Neumann; J. Günter, *Trilingue*, Der Neue Pauly, Bd. 16, S. 816–817). Die einzigen weiteren Beispiele von dreisprachigen Inschriften sind schließlich Grabinschriften, in denen das Andenken an einen Verstorbenen weiter gepflegt wurde, bei denen aber nur sehr wenige Worte in allen drei Sprachen enthalten sind, vgl. S. Cappelletti, *The Jewish Community of Rome: From the Second Century B.C. to the Third Century C.E.*, Leiden, Brill, 2006, S. 177–180; J. Adams, *Bilingualism and the Latin Language*, Cambridge, Cambridge University Press, 2004, S. 211–213.260–264. Es ist interessant, dass alle drei Fälle eine Ähnlichkeit zu der dreisprachigen Inschrift am Kreuz Jesu aufweisen: Er wird als König bezeichnet, ist gleichzeitig Gott selbst, und die Inschrift hat mit seinem Tod zu tun.

16 Siehe dazu ausführlich B. Lange, *Der Richter und seine Ankläger*, Tübingen, Mohr Siebeck, 2019, S. 91–112.

SIEBEN GEHEIMNISVOLLE HINWEISE, *EINE* ANTWORT

Am Ende dieser sieben Reisen durch verschiedene Teile der Bibel zeigt sich, warum Jesus die Hauptperson der Bibel – ja, die Hauptperson der ganzen Geschichte – ist. Die ganze Bibel spricht von ihm, sogar in Passagen, in denen man es nicht erwarten würde. Die Hinweise auf ihn sind allerdings nicht immer direkte Aussagen, sondern führen auf einem fast pädagogischen Weg auf sehr vielfältige Weise vom Problem der Menschen zur Lösung. Dabei steht nicht nur im Vordergrund, *dass* Jesus die Hauptperson der Bibel, der wahre Held, der Messias, der Retter, der Herr und der wahre Gott ist. Es wird auch deutlich, *wie* Jesus ist, und darin liegt der eigentliche Wert der Hinweise. Sie geben innerhalb unserer Welt auf sehr unterschiedliche Weise Zeugnis davon, weshalb Jesus so groß und anbetungswürdig ist, denn sie zeigen sein Wesen und sein Handeln. Wer also ist Jesus?

Jesus ist der wahre Schlangenbezwinger, der dem schlimmsten und stärksten Widersacher der Menschen entgegentreten kann. Er ist derjenige, der der Schlange den Kopf zertritt und damit das wiedergutmacht, was durch Adam in die Welt kam. Er ist derjenige, der dazu schon gleich auf den ersten Seiten der Bibel als die Person angekündigt wird, die als wahrer Mensch für die Menschheit in den Kampf mit dem Bösen eintritt, dabei aber zugleich mehr ist als ein normaler Mensch. Er ist derjenige, der dem größten nur denkbaren Feind des Menschen die Stirn bieten kann und sich für uns Menschen in einen Kampf wirft, der auch ihn selbst etwas kostet. Doch der Sieg ist auf seiner Seite, als er gegen den Drachen und die alte Schlange kämpft.

Jesus ist derjenige, durch den Gott Noah eine so gnädige Verheißung geben kann und der Welt einen Aufschub des Gerichts ermöglicht. Er ist derjenige, der das unfassbare Friedensangebot Gottes und die Schönheit seiner Gnade, die im Regenbogen so farbenprächtig symbolisiert werden, realisiert. Er ist derjenige, der sich selbst mit dem Regenbogen als Zeichen der Herrlichkeit schmückt und dabei selbst von Gottes Kriegsbogen getroffen wird. Er ist derjenige, auf dessen Opfer Gott schon lange vorausblickte, sodass er die Welt nicht gleich nach der ersten Sünde vernichten musste. Er ist der Friedensbringer.

Jesus ist derjenige, der sogar todgeweihten Sündern einen Ausweg bietet und auf wunderbare Weise eine Lösung selbst für die schlimmste zwischenmenschliche Sünde schenkt. Er ist derjenige, der als Stellvertreter für die Menschen stirbt, die sogar so weit gehen, dass sie anderen Menschen den Tod wünschen. Er ist derjenige, der die vollkommene und ewige Lösung für das Problem menschlicher Verstrickung in Sünde geschaffen und dabei eine Erlösung bewirkt hat, die in alttestamentlicher Zeit fast zu schön schien, um wahr zu sein. Er ist derjenige, bei dem sogar Sünder Zuflucht finden, und er ist der einzige Ort, wo Schuldige Gnade finden können. Er selbst ist Gott und zugleich der wahre Hohe Priester, durch dessen Tod die Sünden unzähliger Menschen gesühnt werden können.

Jesus ist derjenige, der mit dem Sieg über einen Löwen beweist, dass er der wahre Retter für unzählige Menschen ist. Er ist derjenige, der den stärksten Feind, den Satan selbst, besiegt und dafür sein eigenes Leben hingibt. Er ist derjenige, der auch alle Mächte und Reiche dieser Welt einmal unterwerfen und eine ewige Herrschaft einführen wird. Er ist derjenige, der alle Bestialität und menschliche Grausamkeit beseitigen wird, und als Menschensohn verkörpert er, wie Gott sich den Menschen gedacht hat.

Jesus ist derjenige, der die Sünde auf sich nimmt, die selbst durch Schläge und Striemen nicht gesühnt werden kann. Er ist derjenige, der als Stellvertreter für Sünder eintritt, für die ohne seine Fürsprache weder Besserung noch ein Ende der Strafe in Sicht ist. Er ist derjenige, der dazu selbst jede einzelne Strieme, die für sich genommen schlimm und schwer ist, auf sich nimmt. Und er ist derjenige, der durch die Gemeinschaft mit ihm Erlösung bringt.

Jesus ist derjenige, auf den die Zeitrechnung hinläuft. Er ist derjenige, der in der Vollendung der Zeit gekommen ist und alle Hoffnungen erfüllt. Er ist derjenige, der Gefangene frei macht und Elenden Hoffnung gibt. Er ist derjenige, der das Mega-Super-Jubeljahr eröffnet und Erlösung bringt. Und er ist zugleich der Retter und Richter, der Löser und Rächer, der die Sünde sühnt und für Gerechtigkeit sorgt.

Jesus ist derjenige, der allein als König der Welt eine universelle Herrschaft antreten darf. Er ist derjenige, von dem die frohe Botschaft in allen Sprachen dieser Welt hinausgeht und dem alle Völker, Nationen und Sprachen dienen werden. Er ist der wahre Mittler zwischen Himmel und Erde und bringt eine neue Schöpfung.

Jesus ist der Held der Bibel.

Bildnachweis

Seite 84: *Processional Way, Babylon* auf Wikimedia Commons, lizenziert unter CC0 1.0, Stand 14.9.2022.

Seite 88: M. Samei, *Achaemenid King vs Lion* auf Wikimedia Commons, lizenziert unter CC BY-SA 4.0, Stand 14.9.2022.

Seite 98: *Great Isaiah Scroll* auf Wikimedia Commons, lizenziert unter CC0 1.0, Stand 14.9.2022, Ausschnitt erstellt und bearbeitet von B. Lange.

Seite 99: *The Aleppo Codex* auf Seforium Database, lizenziert unter CC0 1.0, Stand 14.9.2022, Ausschnitt erstellt und bearbeitet von B. Lange.

Seite 148: O. S. M. Amin, *The Darius seal,* lizenziert unter CC BY-SA 4.0, Stand 14.9.2022.

Benjamin Lange
Die Bibel verstehen – Die Zehn Gebote
Neue Entdeckungen in Gottes Gesetz

Echt jetzt – ein Buch über die Zehn Gebote? Was soll man darüber noch Neues lernen können? Ist nicht alles schon zehnmal durchgekaut worden, was man dazu sagen kann? Und überhaupt … die Zehn Gebote sind doch heute gar nicht mehr so relevant, oder?

Das sind typische Gedanken, die man bei einem Buch zu den Zehn Geboten haben kann.

Der Autor zeigt jedoch, dass mehr darin steckt, als man zunächst vermutet. Statt sie durch ein Weitwinkelobjektiv zu betrachten, geht er mit der Lupe an sie heran und entdeckt dabei Erstaunliches, das die Zehn Gebote lebendig macht und Begeisterung weckt.

Seine kleine Reise durch die Zehn Gebote lädt zum Mitmachen ein und verspricht einen ganz neuen Blick auf die alten Gebote und ihre erstaunlichen Schätze.

Gb., 176 S., 13,5 × 20,5 cm
Best.-Nr. 271747
ISBN 978-3-86353-747-0

Karl-Heinz Vanheiden,
Alexander Schick
Jesus – das Leben
Die authentische Biografie
nach den Berichten der Bibel

Das Leben von Jesus in chronologischer Reihenfolge nach den Texten der Evangelien. Die verwendete Übersetzung, NeÜ bibel.heute, macht es zu einer leicht lesbaren Lektüre. Zahlreiche Abbildungen erweitern das Bild vom damaligen Land und seinen Eigenheiten zur Zeit von Jesus.

Tb., 254 S., 12 × 18,7 cm
Best.-Nr. 271580
ISBN 978-3-86353-580-0

Auch als Hörbuch:

Gelesen von Peter Hahne
14,2 × 12,5 cm
Best.-Nr. 271581
ISBN 978-3-86353-581-0

David Gooding
Tiefer glauben
365 Andachten zum Weiterdenken

Unser Leben besteht nicht nur aus Freude, sondern auch aus vielen Herausforderungen. Dabei bleiben manche Fragen offen. Wir staunen über die Schönheit der Natur und erleben gleichzeitig ihre zerstörerische Kraft, wenn wir krank werden. Wie kann unser Glaube an Gott angesichts dieser herausfordernden Realität tiefer werden und wachsen?

Gottes Wort will uns keine Scheinwelt vorgaukeln. Zum Realismus der Bibel gehört aber auch, dass Gott jetzt an uns am Werk ist. Er arbeitet daran, dass „wir zu mündigen Christen heranreifen und in die ganze Fülle hineinwachsen, die Christus in sich trägt" (Eph 4,13). Je mehr wir von seinem Plan verstehen und je tiefer wir seinen Charakter kennenlernen, desto mehr werden wir ihm in Gehorsam, Liebe und Vertrauen folgen wollen.

Diese 365 Andachten konzentrieren sich auf das Werk Christi als unserem Herrn, der uns erlöst hat und uns auf unserem Weg begleitet. Es sind Andachten zum Weiterdenken und Studieren, damit unser Glaube tiefer wird.

Gb., 528 S., 15 × 22,6 cm
Best.-Nr. 271323
ISBN 978-3-86353-323-6

John C. Lennox
Gegen den Strom
Von Daniel lernen, unangepasst zu leben

Daniel praktizierte seinen Glauben öffentlich in der pluralistischen Gesellschaft Babylons. Würde er heute leben, stünde er an vorderster Front in einer öffentlichen Debatte, in der die Ausübung des Christentums zunehmend ins Private abgedrängt wird. Was gab ihm die Kraft und Überzeugung, gegen den Strom zu schwimmen, oft unter großem Risiko?

Gb., 592 S., 13,5 × 20,5 cm
Best.-Nr. 271795
ISBN 978-3-86353-795-1

Glen Scrivener
Wie die Luft, die wir atmen
Warum wir alle an Freiheit,
Menschenwürde und Gleichheit glauben

Ist das Christentum ein Todeskandidat, der überaltert und heuchlerisch mehr Probleme für die moderne Gesellschaft erzeugt als löst? Oft schämen sich Christen für ihren Glauben, und Außenstehende sind misstrauisch. Was aber, wenn die christliche Botschaft nicht der Feind unserer westlichen Werte ist, sondern ihre Quelle? Glen Scrivener nimmt seine Leser mit auf eine Entdeckungsreise und zeigt, wie die Lehren Jesu nicht nur die antike Welt auf den Kopf gestellt haben, sondern noch bis heute prägen, wie wir über Leben, Werte und Bedeutung denken. Freiheit, Freundlichkeit, Fortschritt und Gleichheit sind so selbstverständlich für uns geworden, dass wir ihre christlichen Wurzeln kaum noch bemerken. Dieses faszinierende Buch ist eine starke Hilfe für Christen, um über ihren Glauben zu reden, und ein Augenöffner für Nichtchristen über die positive Wirkung des Glaubens.

Gb., 272 S., 13,5 × 20,5 cm
Best.-Nr. 271878
ISBN 978-3-86353-878-1

Nick Tucker
Zwölf Dinge, die Gott nicht tun kann
Und warum wir deshalb besser schlafen können

Wie können wir Gott so vertrauen, dass wir nachts deshalb ruhiger schlafen können? Wie bekommen wir den Glauben und die Zuversicht Davids, der sagte: „In Frieden will ich mich hinlegen und gleich schlafen; denn du, HERR, allein lässt mich in Sicherheit wohnen" (Ps 4,9)?

Eine Antwort liegt in der Konzentration auf die Größe Gottes. Wenn wir darüber nachdenken, denken wir meist an das, was Gott tun kann. In diesem Buch werden jedoch zwölf Dinge beschrieben, die Gott nicht tun kann. Sie alle bringen Aspekte seines Wesens und Charakters zum Ausdruck, die uns dankbar, froh und ehrfürchtig werden lassen – und die uns entlasten. Wir können staunen über Gotte Andersartigkeit und seine vollkommende Menschwerdung.

Dieses Buch wird Ihren Glauben stärken und Ihnen Zuversicht für Ihr Leben geben, damit Sie nachts ruhiger schlafen können, im Vertrauen auf den Gott, der niemals schläft.

Pb., 160 S., 13,5 × 20,5 cm
Best.-Nr. 271877
ISBN 978-3-86353-877-4

J. Warner Wallace
Ungelöster Fall Christentum
Ein Mordkomissar hinterfragt die Aussagen der Evangelien

Als der Mordermittler J Warner Wallace, der die ersten 35 Jahren seines Lebens ein Atheist war, seine beruflichen Fähigkeiten auf die Aussagen des Neuen Testaments anwandte, kam er zu einer verblüffenden Erkenntnis: Die Argumente für den christlichen Glauben waren ebenso überzeugend wie bei jedem Fall, an dem er je als Kriminalbeamter mitgewirkt hatte. Und so beweist er in diesem Buch, wie glaubwürdig die Evangelien wirklich sind.

Kt., 366 S., 15,5 × 23 cm
Best.-Nr. 271944
ISBN 978-3-86353-944-3